falter 46

Wolfgang Held

Im Zeichen des Tierkreises

Leben mit den Sternen

Verlag Freies Geistesleben

1. Auflage 2015

Verlag Freies Geistesleben
Landhausstraße 82, 70190 Stuttgart
Internet: www.geistesleben.com

ISBN 978-3-7725-2546-9

Satz & Layout: Thomas Neuerer
Umschlagfoto: Kniel Synnatzschke (© plainpicture)
Druck: GGP Media, Pößneck
Printed in Germany

Inhalt

«Drei Dinge sind uns aus dem Paradies
geblieben: die Sterne der Nacht,
die Blumen des Tages und die Augen
der Kinder.»

Dante Alighieri

Wenn das Auge still wird

Jeder von uns kennt wohl diesen Moment des Staunens: Kaum hat man den erleuchteten Stadthimmel hinter sich gelassen und hebt umgeben von der Dunkelheit den Blick empor, breitet sich eine Welt aus, von der man bei aller Aufklärung und Ratio spürt, dass sie mehr zu bieten hat, als «alle Schulweisheit uns träumen lässt» (William Shakespeare, *Hamlet*, 1. Akt, 5. Szene).

«Kosmos», was so viel bedeutet wie «Ordnung», nannten die alten Griechen diese Welt über uns. Tatsächlich breitet sich mit dem gestirnten Nachthimmel eine Welt voller Gestalt und Klarheit über dem Beobachter aus. Und auch wenn heute niemand mehr die Sterne «braucht», weil handliche Navigationsgeräte an die Stelle der alten Navigation und Nautik getreten sind, so sind sie immer noch Orientierungspunkte. Vielleicht hat sich das Geschehen nach innen gewandelt; nicht für die Navigation im Äußeren geben die Sterne den Kompass, sondern sie bieten sich an für die innere Orientierung, für die Begegnung mit sich selbst.

Wenn der Atem angesichts der Sternenpracht ruhig zu werden beginnt, wenn das Auge vom registrierenden Erkennen zum einfühlsamen Anschauen wechselt, werden in der Vielzahl und der scheinbaren Beliebigkeit der Sterne Formen sichtbar. Unser Auge ist nicht geübt, ihr Schweigen auszuhalten, die Stille zu bejahen, die die Sterne mit ihrem Licht mitsenden und erwarten. Doch sobald man zu entdecken beginnt, dass der Himmel sich nicht oben, sondern innen öffnet, beginnt aus diesem Gegenüber von Oben und Unten ein Miteinander zu werden, beginnt der stumme Himmel zu sprechen.

Oft habe ich bei Sternenführungen, sei es am Teleskop oder auf freiem Feld, erlebt, wie die Unterhaltungen bald verstummten und einer besonderen Stille wichen. Die Sterne kann man nicht verschrecken wie ein scheues Reh, wie bei einer Vogelexkursion den Regenpfeifer. Warum wird es dennoch still? Wohl deshalb, weil das gilt, was Goethe in seinen *Maximen und Reflexionen* über die Naturbeobachtung beschreibt: Die Art der Beobachtung müsse sich dem Gegenstand der Beobachtung angleichen.

Man spürt die Erhabenheit dieser Welt, und die Seele antwortet darauf. So unendlich fern die Sterne auch sein mögen, man entdeckt, dass zur Aufmerksamkeit den kosmischen Weiten gegenüber gehört, auf die eigenen Regungen zu schauen. Wer diese Erfahrung gemacht hat und ernst nimmt, bemerkt, dass es neben der physikalischen Sicht, nach der die Sterne Lichtjahre entfernt sind, eine weitere Wirklichkeitsschicht gibt, in der sie uns sehr nahe kommen. Zu keiner Jahreszeit gilt dies so wie im Winter, wenn die hellsten Sterne das Firmament bevölkern und man unter dem Eindruck einer klaren winterlichen Sternennacht vom «Himmelsdom» spricht. In solch einer Stimmung spürt man einen Rest jener Haltung, mit der sich im Altertum die Menschen der Sternenwelt zuwandten.

Es geht um Resonanz, um über die Spanne von Oben und Unten eine Brücke zu schlagen. Immanuel Kant schrieb dazu: «Nichts hat mich nachhaltiger immer wieder von Neuem so ergriffen und berührt wie dieses: der bestirnte Himmel über mir und das moralische Gesetz in mir.» Heute wird man vermutlich anstelle des kantschen Gesetzes die innere Stimme, das Gewissen oder den persönlichen

Genius setzen. Diese Resonanz ist heute vor allem auch eine Frage der Zeit.

Was Meteore und Planeten sich wünschen

Die Sternschnuppen mit ihrem unerwarteten und sekundenschnellen Auftritt zu studieren, das verlangt Geistesgegenwart, verlangt den Blick, der eigentlich schon vor dem Ereignis am Himmel in die richtige Richtung schaut, als würde er das Kommende ahnen. Hier kommt es auf eine gedankenschnelle Auffassungsgabe und Aufmerksamkeit an. Wer eine neue Einsicht, eine neue Idee hat, bemerkt zumeist, dass er schon bevor der Gedanke auftritt, in dessen geistige Richtung geschaut haben muss. Nicht anders ist es bei den Sternschnuppen, den Vagabunden im Sonnensystem.

Will man hingegen die Planeten genauer beobachten, braucht es eine eigene Zeitdisziplin. Um fassen zu können, wenn Mars im Skorpion vielleicht bei dessen Hauptstern Anteres steht und sie sich gegenseitig steigern, oder wenn Saturn, der Planet der inneren Reife, bei Spica wandert, der Ähre der Jungfrau, muss man sich in das Intervall von Planet und Stern einfühlen. Ist bei der Betrachtung der Sternschnuppen die schnelle Auffassungsgabe, verwandt der Gedankenbildung, gefragt, so ruft der Planet vielmehr nach der Empfindungsfähigkeit und Tiefe des Gefühls.

Mit den Planeten und dem Hintergrund der zwölf Tierkreisbilder ist es ähnlich wie in der Musik. Dort erhält auch jeder der sieben Stammtöne in jeder der zwölf Tonarten (jeweils in Dur und Moll) einen besonderen Umkreis. Die Musik gibt beinahe «umsonst» dieses Gespräch von Zentrum und Peripherie preis. Doch anders als in der Musik muss sich die Seele gegenüber dem Kosmos aktiver einfühlen, damit die Begegnung von Planet und Sternenumkreis zu einer dem Klang verwandten Erfahrung wird.

Vom äußeren zum inneren Licht der Bilder

Die Königsdisziplin ist die Himmelsbeobachtung der Sternbilder. Den Ort des Löwen am Nachthimmel zu finden ist dabei nicht mehr, als wenn man den Weg zu einem besonderen Bauwerk gefunden hat. Und nun beginnt es erst: Das Sternbild am Himmel zu entdecken ist nicht das Ziel, sondern erst der Anfang der Beobachtung, die eine Begegnung möglich macht.

Eine Sternkarte oder die Abbildungen in diesem Buch helfen, die Gestalt der einzelnen Tierkreisbilder fassen zu können. Die sich etabliert habende Darstellungsform, die Sterne mit Linien zu verbinden, ist dabei Segen und Fluch zugleich. Dies hilft selbstverständlich, das Bild am Himmel zu identifizieren, aber allzu leicht meint man, die Linien tatsächlich auch am Himmel sehen zu können. Diese Linien sollten nur eine anfängliche Krücke sein, bis man lernt zu laufen, bis man die Kraft, die zwischen den Sternen besteht und in der geometrischen Ordnung ihren Schattenwurf hat, zu spüren lernt. Sei es die feine Welle der vier zentralen Sterne im Wassermann, durch die das weitläufige Bild Halt gewinnt, oder die vielen rechten Winkel, die im Löwen verborgen sind und diesem dynamischen Tierkreisbild seine Beständigkeit schenken Es geht darum, von dieser sinnlichen Lichtphysiognomie eines jeden Tierkreisbildes sich zu seiner inneren Persönlichkeit auf den Weg zu machen.

Auch wenn Heraklit vor rund 2500 Jahren den durchaus modernen Gedanken fasste, dass die Natur es liebe, sich zu verbergen, so gilt dennoch, dass bei jedem Schritt auf ihre Erscheinungen und Äußerungen die Natur selbst es ist, die etwas von ihrem Schleier lüftet. Um sich den Sternbildern zu nähern, ist es meiner Erfahrung nach vor allem der Wille, auf den es ankommt.

Im Atem von Mythos und Beobachtung

Wenn man im Winter immer wieder das Tierkreisbild der Zwillinge anschaut, wie es beinahe im Zenit diese klare kastenähnliche Form bildet und zugleich als einziges Tierkreisbild zwei Hauptsterne besitzt, dann offenbart sich nach und nach etwas von der Kraft dieses Bildes. Zur Kraft gehört leider, dass sie sich nur schwer in die Sprache fassen lässt. Es ist der Mythos, es sind die mythischen Erzählungen und Bilder, die dafür Beschreibungen finden. Im vorliegenden kleinen Buch kommen deshalb beide Wege zur Sprache: die Mythen und Sternensagen wie auch die nüchterne Beobachtung des Bildes. Es sind zwei Formen des Zugangs, die sich gegenseitig stützen. Durch die vertiefte und wiederholte Beobachtung des Tierkreisbildes wird das, was sich in Mythos und Überlieferung ausspricht, versachlicht, und umgekehrt vermögen die mythischen Bilder und Geschichten zu den Tierkreisbildern das, was man am Himmel sieht, in die Tiefe und Innerlichkeit zu lenken.

Für die astronomische Beobachtung jedes Tierkreisbildes gibt es in diesem Buch deshalb jeweils drei Abbildungen. Die unterschiedlichen Stellungen jedes Bildes im Jahreslauf – abends (oben) wie morgens (unten) – sollen helfen, jedes Tierkreisbild in den unterschiedlichen Jahreszeiten finden zu können. Zudem ist in diesen Abbildungen – die Blickrichtung ist gen Süden – zu sehen, wie sich die einzelnen Tierkreisbilder unterschiedlich zum Horizont verhalten. Während der Löwe beispielsweise im Juni am Abendhimmel regelrecht unter den Horizont stürzt, also dramatisch das Firmament verlässt, senkt sich die Jungfrau ruhig und erhaben. Außerdem sind die Tierkreisbilder aus dem Sternenkatalog des englischen Astronomen John Flamsteed (1646–1719) wiedergegeben. Für eine erste Begegnung mit der «Innenseite» der Tierkreisbilder sind diese Zeichnungen eines Löwen, eines Skorpions oder Steinbocks sehr hilfreich. Besonders freue ich mich, dass in diesem Buch die hervorragenden Fotografien der Tierkreisbilder von Akira Fujii aufgenommen werden konnten. Während andere Fotografien des Tierkreises wegen der Überfülle an Sternen «unleserlich» werden, ist es Fujii gelungen, in den Aufnahmen dem visuellen Eindruck der Tierkreisbilder ohne Teleskop sehr nahe zu kommen. In den Fotografien ist die Lichtphysiognomie der einzelnen Tierkreisbilder gut zu erfassen, dennoch vermögen sie nicht so viele Helligkeitsunterschiede festzumachen wie das Auge. So gut diese Bilder auch sein mögen, die Beobachtung mit dem bloßen Auge können sie nicht ersetzen, vielmehr sollen sie gerade zum Blick in den Himmel, möglichst in einer Gegend mit wenig künstlichem Licht, einladen, um so selbst den Farbunterschied von Castor und Pollux zu entdecken oder die feine Struktur der Lichtbänder der Fische zu bemerken.

Wer sich in diesem Sinne den Sternbildern und

noch mehr den Tierkreisbildern zuwendet, entdeckt vermutlich sehr bald, dass hier mehr als bei der Beobachtung von Planeten oder Meteoren der Wille gefragt ist. Und der Wille ist es, der in der stellaren Seite des Kosmos im Altertum erfahren wurde. Das legen drei Phänomene der antiken Tierkreisdarstellungen nahe, die in den folgenden Kapiteln skizziert werden.

Drei Rätsel der Tierkreisdarstellungen

Die Abbildung des Tierkreises von Dendera ist eines der ältesten Zeugnisse des vollständigen Tierkreises (Abb. links). Die Darstellung einzelner Bilder findet man bereits im 3. Jahrtausend v. Chr., aber es sind keine solch umfassenden Bilder bekannt, wie sie in dem altägyptischen Tempel gefunden wurden. Napoleon ließ dieses Tierkreisbild bei seiner ägyptischen Expedition (1798–1801) aus der Decke der kleinen Seitenkapelle auf dem Dach des Hathortempels nördlich von Luxor entnehmen. 36 Stundengottheiten, die sogenannten «Dekane», schreiten am Rand und bemessen je 10 Grad (10 Tage); die zwölf Tierkreisbilder sind in der Mitte dargestellt. Die exzentrische Darstellung der zwölf Tierkreisbilder lässt vermuten, dass der Löwe im Frühlingspunkt liegt. Zwar ist mittlerweile bekannt, dass die Tierkreisplatte erst im 1. Jahrhundert v. Chr. entstanden ist, und doch hält die Diskussion darüber an, dass zu einem viel früheren

Zeitpunkt – etwa 1000 v. Chr. oder sogar 4000 v. Chr. – Tierkreis und Erdstellung bereits in Stein gehauen und mit einem Kalender gearbeitet wurde.

Vom Anfang der Zeit

Eine Rückdatierung ist von den Kalenderrechnungen vieler Kulturen bekannt. So beginnt der jüdische Kalender mit dem Jahr 3761 v. Chr., obwohl damals kaum von einem jüdischen Volk gesprochen werden konnte und es auch keine Zeitrechnung gab. Der Maya-Kalender hatte 3114 v. Chr. seinen ersten Tag, obwohl das Volk der Mayas, der «Maismenschen», sich erst Tausende Jahre später bildete. Ähnliches gilt für den traditionellen chinesischen Kalender. Dieser ist in seinem 78. Zyklus der jeweils 60 Jahre dauernden Runden von 12 Tierkreisbildern mal den fünf möglichen Elementen Holz, Wasser, Feuer, Metall und Luft. Sein Beginn führt ins Jahr 2636 v. Chr.

Was veranlasste die antiken Kulturen, den Beginn ihrer Zeitmessung so weit in die dunkle Vergangenheit zu legen? Im antiken Rom und Griechenland sieht das anders aus. Dort sind es fassbare Ereignisse, die später als Startschuss gedeutet werden. So beginnt in Rom «ab urbe condita» 753 v. Chr. die Zeitrechnung, und in Griechenland beginnt die Jahreszählung mit den ersten Olympischen Spielen 776 v. Chr.

Müsste man selbst seinen eigenen Geburtstag bestimmen, man würde es wohl ähnlich machen wie die frühen Kulturen: Man würde dort den Anfang setzen, wo man den Beginn eines erwachenden Zeitgefühls sieht. Damit ist jener Moment gemeint, an dem man nicht mehr vollständig in der Gegenwart aufgeht, sondern «gestern» und «morgen» eigenständige Qualitäten werden, die man durch die ersten Schriftsymbole auch zu fixieren vermag. Mit der Erfindung der Schrift kann Gegenwart konserviert, also in die Zukunft getragen werden, und kann das Vergangene vergegenwärtigt werden. Die verschiedenen vorchristlichen Kulturen hatten wohl die sichere Empfindung, dass das vierte Jahrtausend, jene Zeit, die aus heutiger Perspektive auch die «Neolithische Revolution» genannt wird, diese Wende ausmacht – eine Wende in die Zeitlichkeit bedeutet.

Späte Geburt des Tierkreises

Wer sich unbefangen dem Tierkreis nähert, spürt sehr bald, dass diese erhabene Bilderfolge aus jener Zeit stammen muss, in der noch ein intuitives Hellsehen zu Erfahrungen der Sternenwelt führte. Doch wie ist dann das recht späte Auftreten der Tierkreisvorstellung zu erklären?

Wer sich nur an die äußeren Zeugnisse einer vergangenen Kultur hält, kommt hier nicht weiter. Erst wenn man die hypothetische Frage stellt, warum in früheren Zeiten, dem 1. und 2. Jahrtausend v. Chr., vom Tierkreis geschwiegen wurde, erfasst man dessen Stellenwert. Die Tatsache, dass dieses kosmische Ordnungsprinzip der 12 Bilder erst im Hellenismus, der Dekadenzphase der vorchristlichen Kulturen, äußerlich erscheint, schmälert nicht dessen Wert, sondern legt nahe, dass seine Erhabenheit und geistige Kraft in einem solchen Maße erlebt wurde, dass man darüber schwieg beziehungsweise gar nicht in der Lage war, die Bilder als Vorstellungen aus sich herauszusetzen.

Erst als die Empfindung für die geistige Wirklichkeit des Tierkreises weitgehend erloschen war, erschien man fähig, ihn als geometrisches Bild zur Darstellung zu bringen. Im Alltag kann eine ähnliche Beobachtung gemacht werden: Das Gesicht eines Menschen, dem man vielleicht nur flüchtig begegnet ist, lässt sich innerlich leichter porträtieren als dasjenige eines Freundes oder gar der eigenen Mutter. Die reiche innere Beziehung macht es schwer, das innere Bild zu veräußerlichen.

Es brauchte einen langen Weg der Emanzipation von der Natur, bis es möglich wurde, den Tierkreis als ein Gegenüber im Bild fassen zu können. Oder anders: Der Tierkreis ist der Zirkel des Lebens, denn nichts anderes bedeutet Zodiakos, der griechische Name des Sternenrunds. Nur im Deutschen trägt der Tierkreis einen «tierischen» Namen, in anderen Sprachen, wie auch im Englischen, bedeutet er Kreis des Lebens. Es ist also jener kosmische Ort, wo das Leben seinen Ursprung hat, und entsprechend muss man erst vom Leben entfremdet sein, um dann, wie ein Fisch auf dem Trockenen, den Tierkreis in die Vorstellung gerinnen lassen zu können.

Diese Überlegungen erhellen auch die Tatsache, dass in den antiken Tierkreisdarstellungen keine Sterne zu sehen sind. Man hat – so müssen wir heute annehmen – den Sternen keine große Bedeutung gegeben, sondern mit den Bildbezeichnungen «Löwe», «Stier» usw. die geistige Wirkung, die aus einer bestimmten Tierkreisregion erlebt wurde, in ein Bild gefasst.

Die in vielen Astronomiebüchern beschriebene Vorstellung, dass aus den Sternenkonfigurationen die Bilder abgeleitet wurden, ist deshalb nicht falsch, aber zu oberflächlich. Die Sterne fügen sich recht gut in die Bilder ein, sind aber nicht deren Ursprung. Wenn wir heute wieder zu einer gehaltvollen Vorstellung der einzelnen Tierkreisbilder kommen wollen, müssen wir jedoch bei den Sternen ansetzen. Sie sind (es klingt in diesem Zusammenhang paradox) gewissermaßen der «Schatten» der einzelnen Tierkreisbilder. Indem wir den Schatten lesen lernen, begeben wir uns auf den Weg zum Geistig-Schöpferischen des Tierkreises, wir gelangen von der äußeren Form über das Bild zur Kraft des Tierkreisbildes.

Neben dem späten Erscheinen der Tierkreisabbildungen und ihrer Sternenlosigkeit gibt es ein weiteres Rätsel dieser frühen astronomischen Zeugnisse. Blickt man auf den Löwen im Tierkreisrad von Dendera (links unterhalb der Mitte), sieht man oberhalb die Jungfrau mit der Ähre in der Hand und dann die Waage. Stellt man sich gedanklich ins Zentrum der Tierkreisscheibe, befindet sich der Löwe links und die Jungfrau rechts von einem. Die Stellung der Tierkreisbilder am Nachthimmel ist aber umgekehrt. Dort steht die Jungfrau links vom Löwen und die Waage links von der Jungfrau. Die Tierkreisbilder auf der antiken Steinplatte sind demnach nicht so angeordnet, wie man sie von der Erde aus sieht, sondern aus der peripheren Perspektive. Versetzt man sich im Gedanken jenseits des Tierkreises und blickt von dort auf Löwe, Jungfrau und Waage, dann stehen sie so wie auf der Scheibe.

Wenn man in den Tierkreisbildern vor allem die Willensseite des Kosmos vor sich hat, dann ist diese Umkehrung plausibel, denn den Willen, überhaupt jede Kraft, erfährt man nicht in der Anschauung, im Gegenüberstehen, sondern durch Teilnahme. Um beispielsweise den Willen eines Menschen zu erfahren, lohnt es sich, sich hinter ihn zu stellen und so an seiner Willensrichtung teilzunehmen.

Der Maler Caspar David Friedrich zeigt es mit dem Gemälde *Wanderer über dem Nebelmeer:* Man steht als Betrachter des Bildes hinter dem Wanderer, schaut so mit ihm in diese verwunschene Landschaft und nimmt an seinem Willen, seinen Empfindungen Anteil. Der Mensch ist hier nicht das Gegenüber, das man gedanklich fasst, sondern man taucht ein und unter in dessen Willensbewegung. Vergleichbar geschah es, so die Überlegung, in den antiken Darstellungen des Tierkreises. Seine Natur ist willensartig, weshalb man sich im Geiste in den Tierkreis versetzte, um ihn zu fassen. Es mag darüber hinaus weitere Gründe für die umgekehrte Darstellung geben, wie beispielsweise der tägliche Lauf der Sonne, der von Ost nach West, das heißt im Uhrzeigersinn, wie auch die antike Orientierung des Tierkreises verläuft.

Tierkreisbild und Tierkreiszeichen

Tierkreisbilder und Tierkreiszeichen sind zwei Einteilungen der Jahresbahn der Sonne bzw. des hinter diesem Pfad liegenden Sternengürtels. Sie werden oft verwechselt, weil die Bezeichnungen wie «Löwe» oder «Jungfrau» sowohl für die Zeichen als auch die Bilder verwendet werden.

Die Ursache der Namensgleichheit liegt an der engen Verflechtung der babylonischen und griechischen Entstehungsgeschichte der beiden Teilungen. Die Sonne durchwandert im Jahreslauf 12 Sternbilder, die dadurch von den übrigen 76 Sternbildern des gesamten Firmaments als die «Tierkreisbilder» ausgezeichnet sind. Diese am Nachthimmel sichtbaren Tierkreisbilder bedecken verschieden große Himmelsfelder. Die Waage ist mit 19° das kleinste Bild und die Jungfrau mit 46° die ausgedehnteste Sternenformation.

Die «Tierkreiszeichen» bilden eine gleichmäßige Zwölfterteilung der Sonnenbahn in Abschnitten zu je 30°. Die Einteilung beginnt mit dem Zeichen «Widder» an dem Ort der Sonnenbahn, an dem sich die Sonne zum Frühlingsbeginn befindet.

Die Wanderung der Sonne durch den Tierkreis lässt bekannterweise die Sonne am Tageshimmel höhere und tiefere Tagesbögen beschreiben. Das spiegelt sich im Wechsel der Jahreszeiten auf der Erde wider. Die angesprochenen 30°-Bereiche entsprechen diesen verschiedenen Tagesbögen. Steht sie im Zeichen Krebs, so vollzieht sie ihre höchste Tagesbahn. Widder und Waage stehen demgegenüber für die mittleren Tagesbögen der Sonne, wie sie zur Zeit der Tagundnachtgleiche stattfinden. Mit der jeweiligen Höhe des Sonnenbogens geben die Zeichen die monatlich unterschiedliche Lebenssituation der Erde wieder. Sie sind Ausdruck und Urbilder des sich im Jahreslauf wandelnden Organismus' Erde – Sonne.

Die Tierkreiszeichen kennzeichnen nicht nur die Höhe des Sonnenbogens, sondern auch dessen Bewegungstendenz, dessen augenblickliche Veränderung: So beschreiben die Zeichen Zwillinge und Löwe den gleichen Bogen, aber im ersten Fall hat die Sonne noch aufstrebende Dynamik, während sie beim Löwen im Abstieg begriffen ist. Insofern beziehen sich die Tierkreiszeichen immer auf ein räumliches Phänomen – astronomisch gefasst in der Höhe des Tagesbogens – und ein zeitliches in der inneren Dynamik von Lichtab- und -zunahme. Die Tierkreiszeichen lassen sich deshalb auch als «Tierkreis des Lebens» beschreiben, während die Tierkreisbilder einen sternenhaften, einen astralen «Tierkreis der Seele» repräsentieren.

Die Verschiebung von Zeichen und Bild

Zur Zeit der Festlegung des Tierkreises durch den griechischen Astronomen Claudius Ptolemäus stimmten Tierkreisbild und Tierkreiszeichen räumlich überein. Die vom Frühlingsort der Sonne gemessenen ersten 30° des Tierkreises, das Tierkreiszeichen Widder, meinten denjenigen Bereich des Sonnenpfades, in dem sich auch die Sterne des Bildes Widder befanden. Mittels Rechnung – oder der Vollmondstellung sechs Monate später – konnte man damals Ende März/Anfang April, der Zeit des

Zeichens Widder, hinter der Sonne tatsächlich die Sterne des Widders sehen.

Nun verharrt der Sonnenort bei Frühlingsbeginn am Fixsternhimmel nicht an der gleichen Stelle, sondern wandert in 72 Jahren 1° in Richtung Fische. Mit jedem verstreichenden Jahrhundert haben sich deshalb Tierkreisbilder und -zeichen mehr und mehr gegeneinander verschoben. Mittlerweile ist der Frühlingspunkt um 29° gewandert und befindet sich am rechten Rand der Fische. Somit finden die ersten 30° der Sonnenbahn nach Frühlingsanfang, das sogenannte Tierkreiszeichen Widder, vor dem Sternenhintergrund der Fische statt. Entsprechend steht die Sonne jetzt Anfang Februar im Zeichen Wassermann, aber vor den Sternen des Steinbocks.

Weder ist es sinnvoll zu fragen, welcher Tierkreis nun der «richtige» sei, noch sollte diese Verschiebung als ein Unglück betrachtet werden. Die beiden Tierkreisgliederungen beziehen sich auf verschiedene Bereiche der Wirklichkeit. Dass die beiden Tierkreise sich verschoben haben, in ein gegenseitiges Spannungsgefüge gekommen sind, spiegelt sich auch in der menschlichen Entwicklung wider: Von Sokrates im klassischen Griechenland ist bekannt, dass der beste Denker zugleich auch der beste Tänzer sei. Dies mag als Beispiel gelten für die leiblich-seelische Harmonie, die die Menschen dieser Zeit auszeichnete. Die beschriebene Verschiebung im Tierkreis ist nun kosmischer Spiegel der Tatsache, dass mit der menschlichen Entwicklung das leiblich-seelische Gefüge in ein Spannungsverhältnis geraten ist. Körperliches und Seelisch-Geistiges stehen nicht mehr in vollem Einklang. Zugleich liegt in dieser Disharmonie ein Quellort der menschlichen Freiheit.

Die Verschiebung von Tierkreisbild und Tierkreiszeichen ist kein «Betriebsunfall im Kosmos». Durch den Unterschied, der so zwischen Tierkreisbild und -zeichen klafft, scheinen leibliche und seelische Konstitution des Menschen in ein labiles, ein offeneres Verhältnis zu geraten.

Die zwölf Tierkreisbilder

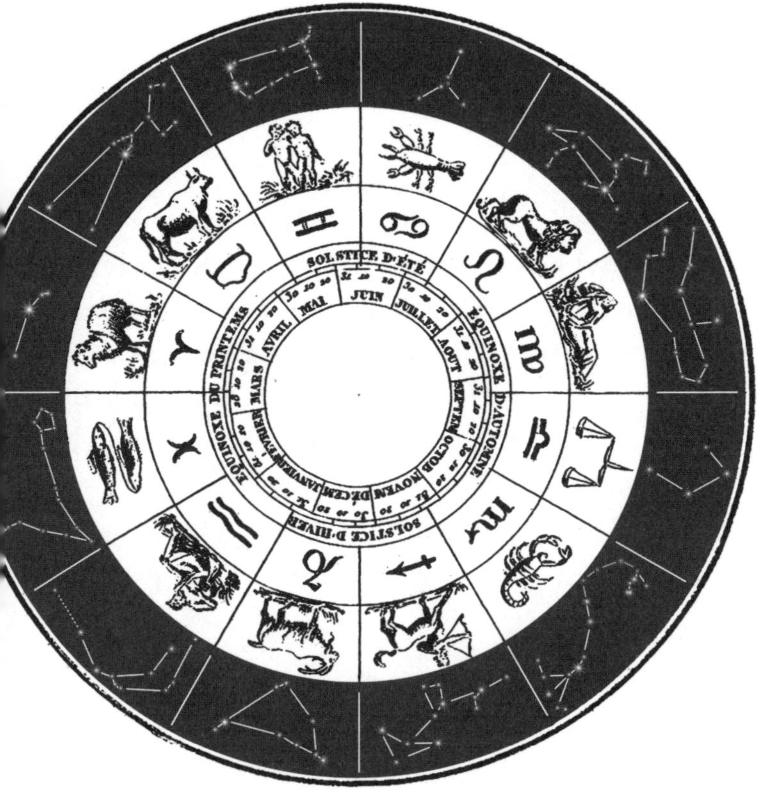

Die zwölf Tierkreisbildern repräsentieren zusammen den ganzen Himmel. Auf den folgenden Seiten lernen wir die Qualitäten jedes einzelnen Bildes näher kennen.

Mit dem Schaf, dem ersten Haustier, wird die Menschheit sesshaft – kommt auf der Erde an und findet Heimat. Im Mythos senkt sich der Widder vom Himmel, rettet die Königskinder Nephele und Helle und steigt in den Himmel zurück. So ist der Widder eine Brücke zwischen Himmel und Erde.

Widder

Zwischen Himmel und Erde zu Hause

♈

Vom 21. März bis 20. April wandert die Sonne durch das Tierkreiszeichen Widder. Nie im Jahr entfaltet sich die Sonne mit solch kraftvoller Dynamik wie in diesem ersten Frühlingsmonat. Tag für Tag steigen die Bögen der Sonne und lassen die Schatten kürzer werden. Täglich wird die Dunkelheit um 4 Minuten zurückgedrängt. Die Fülle der Frühlingsblumen wie Tulpe und Narzisse und das nun reich anschwellende Vogelkonzert sind Antworten der Natur auf die explodierende Zunahme an Licht und Wärme. Wendet man nun den Blick

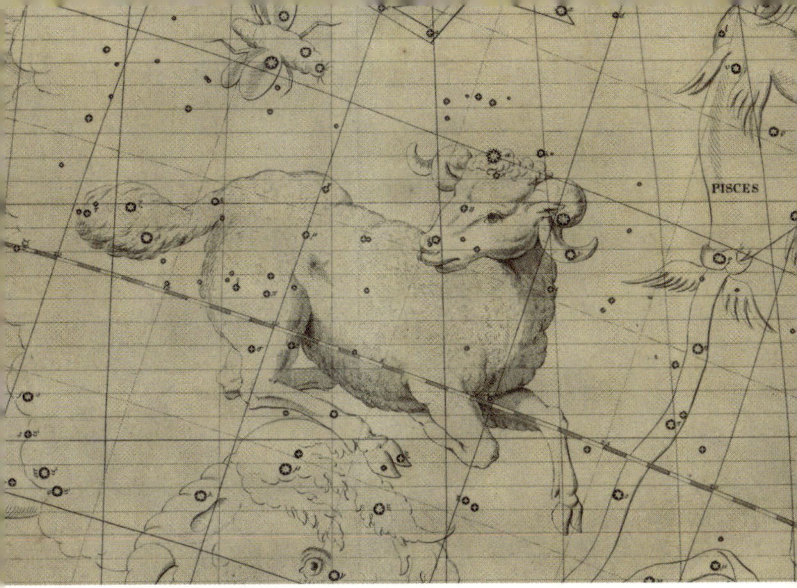

zum Tierkreisbild Widder, das am besten in der Winterzeit beobachtet werden kann, so ist man etwas enttäuscht. Dem dramatischen Sieg des Lichtes über die Finsternis scheint dieses kleine Bild kaum zu entsprechen. Man sieht nur drei Sterne, die dieses Bild markieren: Zwei Sterne stehen in etwas größerem Abstand zueinander und ein dritter Stern befindet sich deutlich näher, halb schräg abgewinkelt.

Das Bild weckt die Assoziation zu einem Haken, der etwas verloren zwischen den beiden ausladenden Bildern Fische und Stier steht. Man meint in

der kleinen Sternengruppe nichts wiederzufinden, was sich mit Frühlingsaufbruch oder auch mit dem Tiercharakter «Widder» verbindet. Nicht ohne Grund wurden im Altertum die Spitzen von Rammböcken oft zu einem Widderkopf geschnitzt, denn dieses Tier repräsentiert wie kaum ein anderes Stoßkraft und Durchsetzungswillen, wenn man an die Paarungskämpfe denkt, bei denen die Köpfe dieser Tiere mit Vehemenz aufeinanderschlagen.

Wer es nun nicht bei einem flüchtigen Eindruck dieses Sternbildes belässt, sondern sich wiederholt

und innerlich empfindend der Lichtgestalt des Widders zuwendet, beginnt den beschriebenen Widerspruch zu lösen. Das ursprünglich unscheinbare Bild wird kräftiger und ausdrucksvoller. Woran liegt das? Es sind drei interessante Eigenarten, die bei wiederholtem Blick auffallen. Zum einen bemerkt man die besondere Lage des Widders in Bezug zu den anderen Tierkreisbildern. Er steht weit oberhalb der Tierkreisebene, das heißt nördlich von Fischen und Stier. Als einziges Tierkreisbild «schwebt» er vollständig oberhalb der Sonnenbahn. Das verleiht dem Bild Ungebundenheit und Souveränität. Diese hohe Stellung führt dazu, dass der Widder bereits vor den Fischen im Osten aufgeht. Wer also beispielsweise im September am Abendhimmel nach Osten blickt, der sieht zwar den charakteristischen Haken des Widders, aber nicht die Fische, die dem Widder im Aufgang eigentlich vorangehen. Der Widder, so möchte man sagen, ist immer schon da, denn es ist kaum möglich, seinen Aufgang zu verfolgen – er springt regelrecht über die Horizontlinie.

Der Eindruck der Widderkraft zeigt sich auch im Ausdruck des Bildes. Diesem Ausdruck kann man sich nähern, indem man mit dem Tastsinn an das Bild herangeht. Man fragt beispielsweise, ob diese hakenförmige Gestalt des Widders spröde oder biegsam ist. Dadurch gewinnt man Anteil an der dem Bild innewohnenden Kraft, an diejenige Wirklichkeit des Bildes, die im Altertum intuitiv erlebt und als die wesentliche empfunden wurde. Das innere Tastempfinden sagt, dass kein Bild über solche gespannte Festigkeit verfügt wie der Widder. Wenn man sich fragt, wie es wohl wäre, diese Form des Widders, diesen gewinkelten Haken, zu biegen, dann empfindet man deutlich, dass dies nicht möglich wäre. Das so kleine Tierkreisbild Widder besitzt außerordentliche Kraft.

Was sich dem Empfinden erschließt, das unterstreichen die mathematischen Größen des Bildes: Der Haken bildet einen Winkel von 144°. Das entspricht dem Eckwinkel in einem Zehneck und tritt auch im Pentagramm auf. Zehn- und Fünfeck sind nun diejenigen geometrischen Gebilde, die in der abendländischen Tradition als räumlich-geometrisches Bild für das Schöpferische, für Entwicklung und Dynamik verstanden werden.

Nicht nur im Winkel der Widdergestalt, auch in den Strecken selbst finden sich Anhaltspunkte der Frühlingskraft: Der linke Stern ist etwa 3,9° vom mittleren entfernt, der rechte 1,5°. Damit stehen die «Sternstrecken» dieses Bildes im Verhältnis des Goldenen Schnittes, einem Maßverhältnis, das bei allen Wachstumsprozessen in der Natur eine wichtige Rolle spielt. So klein die Sternengestalt des Widders auch sein mag, in dieser Beziehung zum Goldenen Schnitt zeigt sich eine Entwicklungskraft, die sich in der frühlingshaften Natur ebenfalls findet.

Der Blick in die Kulturgeschichte bestätigt den Rang des Widders oder Schafs als erstes Bild von den Zwölfen. 9000 v. Chr. begann die Menschheit, dieses Tier als eines der ersten zu domestizieren. Erst der Besitz von Schafherden, so der Ethnologe und Evolutionsbiologe Josef Reichholf, macht die Sesshaftwerdung möglich. Während man für Ziegenherden viel Verstand braucht, für Rinderherden Kraft, bietet sich das Schaf als Begleiter des Menschen regelrecht an. Es ist das einzige Herdentier, das Kinder hüten können. Die enge Beziehung des Schafes zum Menschen ist in fast allen Kulturen überliefert. So heißt im Hebräischen die Lieblingsfrau des Erzvaters Jakob «Rahel», was zugleich «Mutterschaf» bedeutet.

Dabei sind es polare Eigenschaften, die dem Schaf zugesprochen werden. Es ist das «Opferlamm», das geduldig alle Leiden auf sich nimmt, das ohne Widerstand sich zur sprichwörtlichen Schlachtbank führen lässt. Es gibt somit kaum ein Tier, das seinen Eigenwillen in diesem Maß seinem Hirten unterstellt. Diese Ergebenheit darf man aber nicht mit «dumm» verwechseln, ein Klischee, das dem Schaf gern zugesprochen wird. So berichten Schäfer aus den Alpen, dass die Schafe vor dem Abgang einer Lawine unruhig werden und bei Klimaänderung deshalb andere Weideplätze aufsuchen. Der milde Wesenszug des Schafes mag es auch sein, warum es als einziges Tier in christlichen Weihnachtsdarstellungen in den Armen des Christus dargestellt wird.

In der Johannes-Apokalypse ist jedoch von einem polaren, anderen Lamm die Rede. Es besitzt Macht und siegt über das Böse, es ist «der Herr der Herren»: «Sie werden mit dem Lamme streiten, aber das Lamm wird sie überwinden; denn es ist der Herr der Herren, der König der Könige, und die mit ihm sind, die Berufenen, die Auserwählten, die Gläubigen» (17.14) und schließlich, wenn sich das «Himmlische Jerusalem» ankündigt: «Und es kam einer der sieben Engel, welche die sieben Schalen hatten von den letzten sieben Plagen, und redete mit mir und sprach: ‹Komm, ich will dir die Braut zeigen, die Braut des Lammes!›, und er führte mich im Geiste auf einen großen hohen Berg und zeigte mir die Heilige Stadt Jerusalem» (21.9–10).

Die Selbstverständlichkeit, mit der hier vom Lamm gesprochen wird, legt nahe, dass damit an eine alte Tradition angeknüpft wird und nicht ein neues christliches Denken allein die Grundlage ist.

In der Weihnachtsgeschichte am Anfang, wo Hirten mit ihren Schafen als Erste vom Ereignis erfahren, und in der Johannes-Apokalypse am «Ende aller Tage» erscheint das Schaf. Es ist, als würde es den Rahmen bilden. Das mag auch Matthias Grünewald empfunden haben, wenn er auf seinem Altarbildnis der Kreuzigung neben die Füße des Gekreuzigten das Lamm setzt. Merkwürdigerweise trägt das Tier ein Kreuz mit sich. Der Theologe und Kunsthistoriker Herbert Schade vermutet in diesem Kreuz die Erdachse, die vom Lamm getragen wird – das Lamm als die Seele der Erde. Das erinnert an die altägyptische Beschreibung des Menschen. So wie die Silbe «Ka» für den Lebensleib des Menschen stand, so wurde seine Seele mit «Ba» gekennzeichnet, was lautmalerisch ans Blöken eines Schafes erinnert.

Der römische Philosoph und Grammatiker Macrobius sammelte aus Ägypten Belege für den Widder als den Ersten im Tierkreis: «Die Ägypter sagen, am Beginn des Tages, der als erster von allen Tagen aufleuchtete und deshalb mit Recht der Geburtstag der Welt genannt wird, sei der Widder in der Mitte des

Himmels entstanden. Und weil die Mitte des Himmels gleichsam der Wendepunkt der Welt ist, wurde der Widder für den ersten von allen Tagen gehalten, der wie das Haupt der Welt am Beginn des Lichtes erstrahlte.» (Macrobius, in Herbert Schade: *Lamm Gottes und Zeichen des Widders,* Freiburg 1998.)

Im griechischen Mythos verkörpert der Widder die Geschichte um das Goldene Vlies. Der König Athamas von Boötia verstieß seine ungehorsame Frau Nephele und heiratete Ino. Nepheles Kinder Phrixos und Helle waren der Stiefmutter ein Dorn im Auge. Die zweite Frau Ino verbrannte die Saat des Landes und schob die Schuld auf die beiden Kinder aus erster Ehe. Athamas schickte einen Boten zum Orakel von Delphi, doch diesen hatte Ino bestochen, und so berichtete der Bote fälschlich, die Kinder müssten geopfert werden. Hermes hörte die verzweifelten Gebete der Mutter Nephele und schickte seinen geflügelten Widder «Chrysomallus» mit goldenem Fell, der die Kinder vom Opfertod rettete und in die Lüfte entführte. Der Widder kam aus dem Himmel und stieg mit ihnen wieder in diesen empor. Helle stürzte beim Flug zwischen Erde und Himmel vom Rücken des Widders in die

Meerenge zwischen Europa und Asien. So erhielt diese Gegend ihren Namen: «Helespont». Der Widder brachte Phrixos nach Kolchis am Schwarzen Meer. Vom dortigen König Aietis wurde der Widder zum Dank Zeus geopfert und sein goldenes, unzerstörbares Vlies in einen heiligen Hain an eine Eiche gehängt, wo es von einem Drachen bewacht wird.

Es ist ein Mythos, in dem es um die Rettung von Kindern geht. Merkur schickt einen Widder vom Himmel, und kaum hat der Widder die Kinder gerettet, wird er durch Opfertod wieder in den Himmel entlassen. Zu dieser himmlischen Seite des Widders gehört auch sein Fell. Es ist golden, also wie die Sonne, und es ist erhaben über alle irdischen Werkzeuge, denn nichts kann es zerschneiden.

So sehr das Schaf mit dem Weg des Menschen auf die Erde verbunden ist und das sesshafte Leben auf der Erde ermöglicht, so schildert der Mythos doch, dass es zugleich seine Heimat im Himmel zu haben scheint. Das Goldene Vlies des Widders hängt im Osten, also dort, wo die Sonne aufgeht, wo der Tag beginnt. Das erinnert daran, dass das Tierkreiszeichen Widder das Bild des Frühlings ist. Auf den Tageslauf übertragen sind das die Stunden um Sonnenaufgang. Jedes Mal, wenn im Osten sich der Sonnenball über den Horizont erhebt, mag man so daran denken, dass das Sonnenfell des Widders im Osten leuchtet.

Wie im griechischen Mythos ist auch im Alten Testament vom Opfer, vom schlimmsten Opfer, dem der eigenen Kinder, die Rede, wenn der Widder erscheint: Abraham ist auf göttlichen Wunsch sogar bereit, den eigenen Sohn Isaak auf dem Berg Morjia zu opfern. Daraufhin lässt Gott einen Widder im Dickicht erscheinen (1 Moses 22,13).

Opferkraft und Bewahrung des Kindlichen aus himmlischen Kräften scheinen Bilder zu sein, die mit dem Widder zusammenhängen.

In der Kuh nach innen gerichtet – im Stier nach außen gewandt: hier sammelt sich aller Wille der Natur. Der Stier treibt ins Leben hinein und zugleich gilt es, diesen Willen zu bezwingen. So muss jeder Mensch ein innerer Stierkämpfer werden.

Stier

Der Wille des Lebens

♉

Vom 21. April bis 20. Mai wandert die Sonne durch das Tierkreiszeichen Stier. Sie besitzt in diesem Zeitraum nicht mehr dieselbe Dynamik wie zum Frühlingsanfang im Tierkreiszeichen Widder. Ihr Aufstieg geht weiter, aber langsamer. Entsprechend wächst die Tageslänge nur noch um 15 Minuten pro Woche. Gleichzeitig hat die Sonne nun eine solche Höhe gewonnen, dass sich sommerliche Verhältnisse in der Natur entfalten können. Es ist deshalb verständlich, dass die Kelten in ihrem Kalender mit dem Mai den Sommer anfangen ließen.

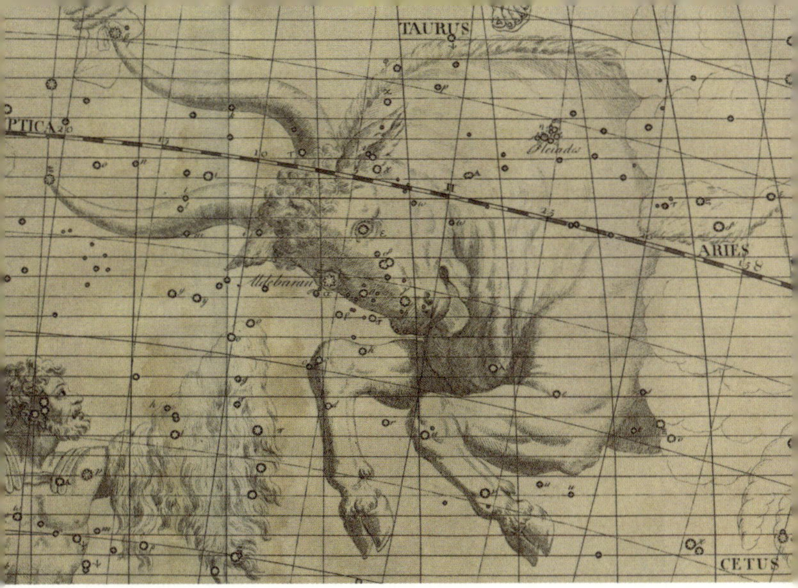

Das Tierkreiszeichen Stier bildet somit die Mitte zwischen dem imposanten Frühlingsaufstieg der Sonne im Widder und ihrem hohen Stillstand in den Zwillingen. Er drängt nicht zum hohen Niveau, sondern er drängt auf hohem Niveau.

Die Doppelnatur, die in dieser Balance, in dieser Einheit von frühlingshaftem Streben und sommerlich getragener Entfaltung, liegt, findet sich im Tierkreisbild auf zwei Ebenen wieder. Zum einen in der Bezeichnung selbst: Wir nennen das Zeichen, von dem hier die Rede ist, zwar «Stier», aber

dabei ist stillschweigend die Kuh mit eingeschlossen. Was der Stier in seiner geladenen Energie, Hitze und Angriffslust repräsentiert, findet sich beim weiblichen Pendant, der Kuh, als innerer Wille, als die Fähigkeit ihres gigantischen Stoffwechsels oder besser ihrer Stoffverwandlung.

Die Produktivität der Landwirtschaft beruht auf dieser Fähigkeit der Kuh, nährstoffarme Stoffe in nährstoffreiche zu verwandeln. Dies gilt unmittelbar für die Milchprodukte und auch indirekt für den Dung, durch den sie dem Landbau einen gro-

ßen Teil der Nährstoffe zuführt. Außerdem zeigen sich diese zwei Seiten des Willens; des Willens, der sich nach außen wendet, und desjenigen, der im Innern schafft; auch in der am Nachthimmel sichtbaren Sterngestalt.

Im Frühjahr sieht man das Bild am Abendhimmel als kompakte, helle v-förmige Sterngestalt, deren strahlende Geste durch zwei entfernt stehende Sterne enorme Ausbreitung erfährt. 15° misst man von der inneren Gestalt des Bildes bis zu diesen Ausläufern. Somit findet man in diesem Bild eine

«Sternlücke», die größer ist als bei allen anderen, sogar größer als die Lücke zwischen zwei aufeinanderfolgenden Bildern.

Wieso gehören diese Randsterne angesichts solch einer großen Distanz zum Bild dazu und bilden nicht ein eigenständiges Sternbild? Die Antwort liefert die strahlige dynamische Gestalt dieses Bildes, wendet man sich ihm mit morphologischem Blick zu. Man erlebt sehr bald die enorme innere Kraft, die dieser kleinen v-förmigen Sternenform innewohnt. Sie verleiht den beiden Sternenreihen einen solchen Zug, dass trotz des weiten, sternenleeren Raumes die nachfolgenden Sterne tatsächlich zu diesem Schwung hinzugehören. Die Lichtbewegung, die in der Sternenanordnung so zu fassen ist, steigert sich noch, indem die beiden Lichtreihen, die «Stoßkraft» des Stieres, über das eigene Bild, über die beiden beschriebenen Randsterne hinausführen und in den Zwillingen und im Bild des Fuhrmanns sich fortsetzen.

Dieses zuletzt erwähnte Bild, der Fuhrmann, gehört eng zum Stier und teilt mit ihm sogar einen Stern. Es ist eine geschlossene runde Form, in der – polar zu den geraden Achsen des Stieres, die gut als dessen Hörner aufgefasst werden können – die Bewegung vollständig im Innern gehalten zu sein scheint.

Dies gilt auch für eine weitere Sternengestalt, die zum Stier gezählt wird: die Plejaden. Oberhalb des v-förmigen Zentrums des Stieres «schwebt» dieser kleine, helle, bläuliche Sternhaufen. Wer dieser reizvollen Sternfigur nachspürt, wird vielleicht deren Beziehung zur Region des Willens empfinden können. Dabei repräsentieren die Plejaden nicht den dynamischen drängenden Willen, wie er im zentralen Bild verwirklicht ist. Auch zeigen sie nicht den sommerlichen gehaltenen Willen des Fuhrmanns. Die Plejaden weisen vielmehr auf das, was dem Willen vorausgeht, was ihm Flügel verleiht: die Idee.

In vielen vorchristlichen Kulturen spielt der Stier eine zentrale Rolle. Der Altertumswissenschaftler Gerald Unterberger sammelte vom afrikanischen Volk der Dogon bis zu den Kelten Hunderte Hinweise – die über Kulturen hinweg – den Stier als eine die Welt tragende Kraft begreifen. In Ägypten ist es der Apisstier, der mit der Sonne zwischen den Hörnern verehrt wurde, und Hathor, die Göttin des Himmels, die ein Stierhaupt besaß. Zudem gibt es das Bild zweier Berge, die den Himmel tragen. Diese Berge wurden auch als die Hörner eines Stieres interpretiert, das legen manche schematischen Bilder des Weltgebäudes nahe. Die «Kulthörner» auf den Fresken des minoischen Palastes von Knossos stellen nach Meinung des Archäologen und Entdeckers Arthur Evans ebenfalls heilige Stierhörner dar. Sie erinnern daran, dass im kretischen Mythos ein Stier am Anfang der minoischen Herrschaft steht. Poseidon hatte Minos einen Stier gesandt, damit er mit diesem Götterpfand als Opfer den Thron erringe. Minos aber behielt den Stier für sich, worauf Poseidon zur Strafe dessen Frau Pasiphaë mit dem Stier zusammenführte. So kam Minotauros, das sagenhafte Mischwesen aus Stier und Mensch, zur Welt. Im Labyrinth von Knossos gefangen, werden diesem schrecklichen Mischwesen Athens Jungfrauen und Jünglinge geopfert, bis Ariadne aus Liebe Theseus dabei hilft, das Ungeheuer zu bezwingen und mit ihrem vielzitierten Faden den Weg zurück aus dem Labyrinth zu finden. List und Liebe sind es, die den Stiermenschen überwinden können.

Eine der schönsten Abbildungen der minoischen Kultur ist die Wandmalerei des «Stiersprungs» aus dem Palast in Knossos. Bei der kultischen akrobatischen Übung stand der mutige Stierkämpfer dem Tier gegenüber und fasste den galoppierenden Wildstier beim linken Horn. Durch die Kopfbewegung des Stieres wurde der Springer in die Höhe geschleudert. Mit einem Salto rückwärts schwang er sich auf den Rücken des Stieres, von wo aus er über den Schwanz absprang und aufgefangen wurde. Falls ein Springer den Hals des «Ungetüms» verfehlte, wurde er vom Stier aufgespießt und durchbohrt, was Abbildungen auf kretischen Stempelsiegeln belegen. Es ist nicht eindeutig belegt, ob solche Sprünge tatsächlich stattfanden, denn der Sprung ist ungleich schwieriger als das Verharren des Toreros im spanischen Stierkampf. Es geht in jedem Fall darum, den Stier zu überwinden.

Ähnliches zeigt sich auch im Mithraskult im Römischen Reich. Das Hauptmotiv auf Denkmälern, Reliefs und Wandmalereien ist die sogenannte «Tauroktonie», die Stiertötungsszene. Dargestellt wird der Mithras-Sonnengott, wie er einen Stier mit einem Messer niederstreckt. Zugleich schaut er empor zum Himmel, zur Sonne oder deren stellarem Stellvertreter, dem Sternbild Orion.

Was bedeutet es, den Stier zu überwinden? Wenn der Stier die Erde trägt und angesichts seiner ungeheuren Vitalität das Sinnbild des Lebens ist, dann mag der Sieg über den Stier bedeuten, nicht Opfer, sondern Gestalter des Lebens zu werden. Am östlichen Ende Europas springt man über diese Kraft der Erde, am westlichen Rand in Spanien und Portugal bezwingt man im Verharren diese Kraft.

Im 4. und 3. Jahrtausend stand das Tierkreisbild Stier am Frühlingspunkt; das bedeutet, dass die Sonne im Stier den Frühling einläutete. Weil sich Tag und Jahr vielfältig entsprechen, ist das Frühlingsbild zugleich das Bild des Morgens, der aufgehenden Sonne. Übertragen auf den Tageslauf hieß es zugleich, dass es die Stierkraft ist, die in den Tag, ins Aufwachen, führt. Damit markierte der Stier die Schwelle aus der mythischen und damit eigentlich vertrauten Nacht in die Diesseitigkeit und Abgründe der Tageswelt.

Dem Stier gegenüber steht der Skorpion. Entsprechend stand der Skorpion damals am Herbstpunkt des Tierkreises. Der Weg der Sonne in die Nacht, in die Irrationalität, das Unbenennbare, führte über den Skorpion. Stier und Skorpion waren in der Zeit, als die Menschheit begann, sich von ihrer kosmischen Heimat abzunabeln, die Bilder des dramatischen Übergangs, die Schwellen. Auf Erden als Mensch bestehen zu können, bedeutete in dieser Vorstellung wohl, es mit dem Stier aufnehmen zu können, selbst zum Stierkämpfer zu werden.

Zwillinge sind mehr als Geschwister, mehr als Freunde. Sie sind eine Unmöglichkeit der Natur wie Apoll und Artemis, wie Remus und Romulus. Sie sind gleich und doch verschieden – sie sind das ewige Gespräch, die Feier der Begegnung.

Zwillinge

Das Leben wird weit

♊

Vom 21. Mai bis 21. Juni wandert die Sonne durch das Tierkreiszeichen Zwillinge. Am Nachthimmel ist das Bild der Zwillinge im Winter zu sehen. Dann thront es höher als jedes andere der Tierkreisbilder über der Landschaft. Beinahe senkrecht, im Zenit über dem Betrachter, breitet sich die rechteckige Figur dieses Sommerbildes aus. Wer sich in seine Formensprache einlebt, wird bemerken, dass sich von der herausragenden Position im Tierkreis, der höchsten Stellung, von dieser Majestät im Bild selbst kaum etwas wiederfinden lässt.

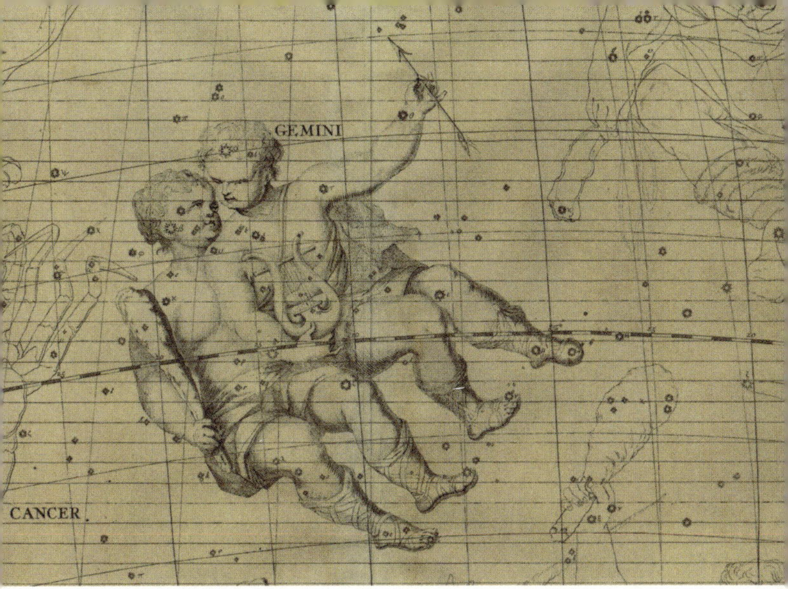

Die rechteckige Gestalt der Zwillinge wirkt überraschend schlicht und einfach. Dafür besitzt das Bild eine Frische, die sich in kaum einem anderen Sternbild wiederfinden lässt. Verantwortlich hierfür sind unter anderem die beiden Hauptsterne Kastor und Pollux. Ihre symmetrisch nahe Position zueinander und ihre verschiedenen Farben (Kastor ist weißbläulich, Pollux orange) geben dem Bild trotz der kastenförmigen Gestalt Beweglichkeit und Musikalität. Denn es ist nicht ein heller Hauptstern wie bei Löwe, Jungfrau oder Stier, der dem Bild ein

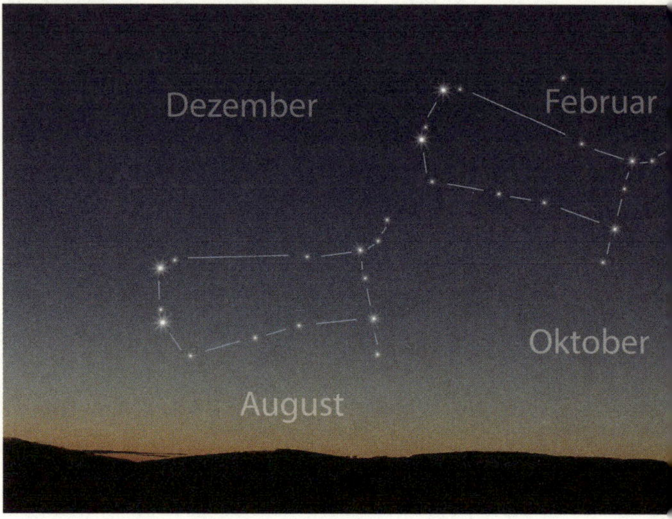

Zentrum verleiht, sondern es sind zwei. Dadurch entsteht ein Intervall, ein Zwischenraum, ein stiller Dialog innerhalb des Bildes. Nicht der einzelne Stern ist es hier, sondern die Beziehung zweier zueinander.

Zur Lichtsprache des am Nachthimmel sichtbaren Bildes der Zwillinge gehört auch die Naturstimmung in der Zeit dieses Tierkreiszeichens. Die Sonne wandert vom 21. Mai bis 21. Juni durch diesen Tierkreisbereich. Der Aufstieg der Sonne – erst verhalten in der Winterzeit, dann dynamisch

energisch im Frühling – kommt nun zu seinem Abschluss. Das Ende des Lichtzuwachses geschieht dabei nicht schlagartig, sondern es klingt langsam aus. Im Juni nimmt in der ersten Monatswoche die Tageslänge noch um 8 Minuten und in der zweiten um 5 Minuten zu.

Astronomisch sind uns die Bewegungsverhältnisse bekannt. Wir wissen, dass zur Sommersonnenwende am 21. Juni die Sonne ihren höchsten Stand erreicht und anschließend langsam ihr Abstieg beginnt. Es lohnt sich jedoch, dieses Wissen über die äußeren himmelsmechanischen Verhältnisse zurückzustellen, um die Frage ernst nehmen zu können, was aus der Aufstiegskraft der Sonne wird, wenn diese aufsteigende Bewegung im Tierkreiszeichen Zwillinge zur Ruhe kommt.

Ein Vergleich der Sonnenbewegung mit menschlichem Bewegungsverhalten kann zeigen, dass die Dynamik der Sonne nicht verebbt, nicht verloren geht, sondern sich auf ein anderes Feld verlagert: Wenn man sich in einem Gespräch als Zuhörender einem Menschen zuwendet, so ist an der Art und Geschwindigkeit der Kopfbewegung oft abzulesen, wie ernst man es mit dem Interesse meint. Ist die Bewegung abrupt, so spürt man keine eigentliche Anteilnahme. Die körperliche Zuwendung, die zum Ende noch verhalten fortfährt und langsam ausklingt, signalisiert tatsächliche Anteilnahme. Warum? Weil so die physische Zuwendung sich fließend in seelische wandelt. Indem die körperliche Bewegung sich staut, setzt sie sich fort, steigert sich zu einer geistigen Bewegung. Was so in der menschlichen Körpersprache intuitiv zugänglich ist, gilt auch für die Bewegung der Sonne. Ihr aufstrebender Lauf staut sich im Tierkreiszeichen

Zwillinge, um sich im Seelischen und Geistigen zu entfalten. In den unzähligen Blüten scheint die gesamte Natur Sonne zu werden, und das menschliche Gemüt wird auch Sonne, weil es mit Aufmerksamkeit und Freude darauf antwortet. Während der Wassermann und die Jungfrau im Tierkreis als reife Erwachsene gedacht werden können, sind die Zwillinge Kinder. Denn in diesem Lebensalter kommt die seelische Diktion der Sonne, Heiterkeit und Unbefangenheit, Zuversicht und Gemeinschaftssinn, am klarsten zum Ausdruck.

Die älteste und bekannteste Vorstellung von Zwillingen sind im antiken Mythos die sogenannten «Dioskuren» Kastor und Pollux, die Söhne des Zeus; «Dios kouroi» bedeutet «Söhne des Zeus». Homer nennt sie in der *Ilias* die leiblichen Brüder von Helena und damit Nachkommen von Zeus, erklärt in der *Odyssee* aber den König von Sparta Tyndareos zu ihrem Vater.

Häufig begegnet man im Altertum der Vorstellung, dass Zwillinge Halbbrüder seien, dass zwei Väter zu den zwei Geschwistern geführt hätten. Deshalb wurden in vielen Kulturen Zwillinge ausgesetzt oder deren Mutter verstoßen. Zugleich gibt es eine Fülle von Mythen um das, was Zwillinge auszeichnet. Als der sterbliche Castor im Kampf getötet wurde, wollte Pollux dem geliebten Bruder in die Unterwelt folgen. Zeus ersann eine andere «Lösung» und ließ beide abwechselnd im Totenreich und im Olymp leben. Vielleicht ist dieser Abgrund, der nicht größer sein könnte – der eine sterblich, der andere unsterblich – ein Bild dafür, wie bei Zwillingen die unendliche Nähe und zugleich die Verschiedenheit einander begegnen.

Es gibt viele solcher Zwillingsgestalten im griechischen und römischen Mythos. Herakles hat in Iphikles einen Zwillingsbruder, Pelias und Neleus sind Zwillinge des Poseidon wie auch Agenor und Belos. Auch Otos und Ephialtes sind Zwillingssöhne des Meeresgottes. Pandion, der mythische König von Athen, ist Vater der Zwillingsbrüder Erechtheus und Butes. Platon lässt in seinem Bericht über Atlantis Poseidon mit der sterblichen Kleito gar fünf Zwillingspaare zeugen. Im römischen Kulturkreis sind es die Zwillingsbrüder und Begründer der Stadt Rom, Romulus und Remus, die besondere Bekanntheit genießen. Auch hier werden die Zwillinge ausgesetzt und ihre Mutter Rhea Silvia verstoßen.

Die Schutzbedürftigkeit, die zur Kindheit gehört, schimmert in den meisten Zwillingserzählungen immer wieder durch. Dabei darf man nicht vergessen, dass im Altertum Zwillinge seltener waren, weil ihre Lebenserwartung naturgemäß geringer war. Ihre Geburt wurde – je nach Kultur und Glauben – als widernatürlich oder übernatürlich betrachtet, und so erscheint auch die Gemeinschaft der beiden Dioskuren: Sie ist überirdisch, übernatürlich in ihrer Verbundenheit und widernatürlich in der Spannung von Sterblichkeit und Unsterblichkeit.

Der Krebs trägt den Kopf nicht oben, sondern in der Mitte. Auch am Himmel zieht sich kein anderes Tierkreisbild so in einem Punkt zusammen. In der Antike wurde dies als Inkarnationspunkt, als Tor in die Zeitlichkeit gesehen.

Krebs

Kehrtwende zur Erde

♋

Vom 22. Juni bis 22. Juli wandert die Sonne durch das Tierkreiszeichen Krebs. Die Sommersonnenwende, der längste Tag im Jahreslauf, steht am Anfang dieser Zeitspanne. Die Sonne scheint in dieser Zeit am höchsten Punkt ihres Jahreslaufes zu verharren. Dabei lassen die sommerliche Ruhe und das fortwährende Blühen der Natur leicht übersehen, dass dieser Gipfel des Sonnenlaufes nur kurz gehalten wird. Auch wenn in der Natur Licht und Wärme weiter zuzunehmen scheinen, so ist doch das Tierkreiszeichen Krebs davon gekennzeichnet,

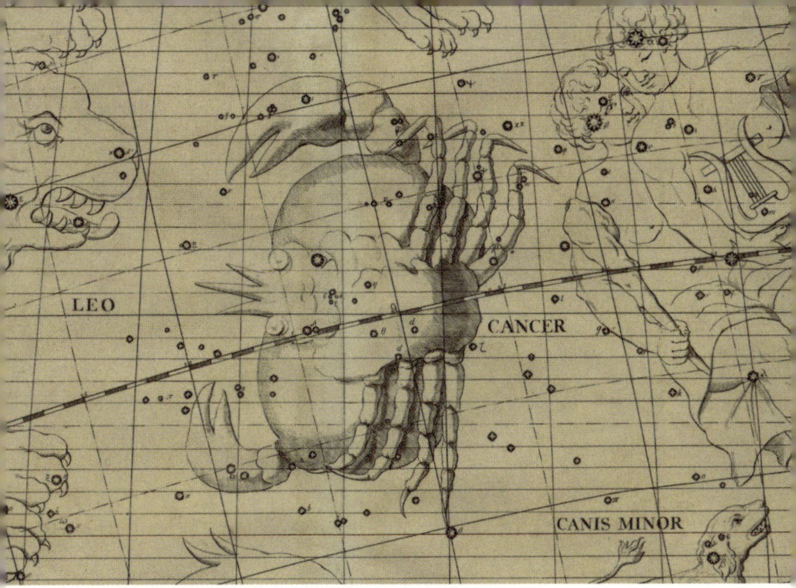

dass die Sonne ihren höchsten Punkt überschritten hat und die Tagesbögen des Gestirns sich nun wieder langsam senken. Nach einem halbjährigen Aufstieg und einem kurzen Stillstand am Scheitelpunkt steigt die Sonne nun wieder für das kommende halbe Jahr aus ihrer hohen, zenitnahen Mittagsposition zur Erde hinab. Das geschieht im Juni und Juli selbstverständlich nur in geringem Maße, und nur ein aufmerksamer Beobachter bemerkt, dass Anfang Juli die Tageslänge pro Woche um vier bis fünf Minuten abnimmt.

Wesentlich ist aber nicht die Quantität, in der das Sonnenlicht nun wieder schwindet, sondern vielmehr ihr grundsätzlicher Richtungswechsel: Die aufstrebende feierliche Dynamik der Sonne, wie sie in den Zeichen Stier und Zwillinge zu beobachten war und die gesamte Natur ergriff, kehrt sich um. Das wiegt vor allem deshalb schwer, weil zu keinem anderen Zeitpunkt im Jahreslauf die Sonne so sie selbst sein kann wie im Moment der Sommersonnenwende. Deshalb kann man den nun folgenden Abstieg aus dieser sommerlichen Höhe mit Recht

als «Krebsgang» bezeichnen, als rückwärtige Bewegung von der Licht- und Wärmefülle zurück zur irdischen Dunkelheit und Innerlichkeit.

Der Krebs als Tier bringt diese Hinwendung zur Erde in seiner gesamten Wesenserscheinung zum Ausdruck: Nicht nur, dass er dicht an der Erdoberfläche seinen Lebensraum besitzt, bei Gefahr weicht er sogar trotz seiner umfassenden Panzerung sofort zurück in die Geborgenheit einer Höhle. Kein Tier besitzt außerdem einen solchen Variationsreichtum desjenigen Organs, in dem die Zuwendung zur

Erde am reinsten sich äußert: dem Fuß. So gibt es für die Fortbewegung Lauffüße mit und ohne Zangen sowie spezielle Grabfüße. Außerdem werden die mit und ohne Augen versehenen zwei Paar Fühler sowie die kleinen Mundwerkzeuge und großen Zangen von Biologen auch als umgestaltete Füße betrachtet. Auch Details wie die Tatsache, dass bei Krebsen vielfach nicht Wasser (wie z.B. beim Menschen), sondern Sandkörner für den Gleichgewichtssinn verwendet werden, unterstreichen die Beziehung dieser Schalentiere zur Erde.

So wie die beschriebene Hinwendung der Sonne zum Irdischen im Juli von zarter Natur ist, so ist das Sternbild des Krebses am Nachthimmel ebenfalls nur für den aufmerksamen Blick zu finden: Vergleichbar einem Dreizack, bilden drei schwach leuchtende Sterne einen Stern, in dessen Zentrum sich vier noch schwächer scheinende befinden. Bei mondlosen klaren Nächten sieht man außerdem im Zentrum dieses kleinen Viergestirns einen zarten Nebelfleck. Mithilfe eines Fernglases erfährt man, dass es eine Ansammlung von etwa 500 Sternen ist, die das Zentrum dieses unscheinbaren Tierkreisbildes betonen. «Praesepe» (= Krippe) wird noch heute dieser lockere Sternhaufen genannt. Die Bezeichnung aus der Antike hängt mit der Vorstellung frühchristlicher Sternenreligionen wie dem Mithraskult zusammen, dass die menschliche Seele im Sternbild Krebs den Weg zur Erde, zur Geburt, antritt. Der Krebs wurde als Pforte in die Zeitlichkeit betrachtet. Die Seele wandert durch den Tierkreis und empfängt ihre seelischen Kräfte. So schenkt der Löwe ihr das Gefühl, der Skorpion die Gedankenkraft und der Stier den Willen, bis die junge Seele schließlich im Krebs zur Erde hinabsinkt.

Kosmisch beginnt mit dem Tierkreiszeichen Krebs der vorweihnachtliche Weg der Sonne aus der Weite und Höhe in die Tiefe der Erde, vom äußeren Licht in das Licht im Innern. Was die Seele jetzt in ihrer Hingabe an die Außenwelt aufnimmt, das ist im Winter dann die Substanz im Innern. In diesem Sinne ist der Krebs tatsächlich ein Bild für die Geburt, die Geburt des inneren Menschen. Vielleicht gilt der Krebs auch deshalb im Buddhismus als Symbol der Überwindung des Todes.

In einer Fabel von Jean de La Fontaine, *Die Krebsin und ihre Tochter,* ruft die Mutter: «Oh, weh, wie du gehst – kannst du nicht gradaus gehen?» Zum Krebs gehört der seitliche und sogar rückwärtsgewandte Gang. Dem entspricht der sich umkehrende Gang der Sonne. Der Krebs ist deshalb zu Recht das Bild der Sonnenwende. Nach ihrem Aufstieg muss sie nun im Krebsgang wieder hinabschreiten.

Unter dem Namen «Ab Shetui» (= Schildkröte) wurden im alten Ägypten die Mondstationen des Krebses bezeichnet. Später, vermutlich im Neuen Reich Ägyptens, trat zum Bild die Vorstellung des Skarabäus hinzu. Der Nilkäfer formt aus dem Dung von Pflanzenfressern Kugeln, die seine eigene Größe überragen, rollt sie vor sich her und gräbt sie ein. Der «heilige Pillendreher» wurde im ägyptischen Glauben zum Bild des Laufs der Sonne und ihres Untergangs und damit zum Symbol der Schöpfung. In die vergrabene Mistkugel legen die Käfer ihre Eier. So kommen die Larven sprichwörtlich aus dem Grab hervor – scheinbar ohne Zeugungsakt wie von selbst neu entstanden. Diese Vorstellung unterstrich die Eigenschaft, die dem «Skarabäus» im Namen mitgegeben wurde, denn er bedeutet: «sich selbst zu erschaffen». Die Schöpfungsgöttin Nun, durch deren Wasser-Urgrund die Sonne wandert und verjüngt wird, trägt auch einen Skarabäuskopf. Sie stützt die Sonnenbarke, wobei ein Skarabäus die Sonne hält. Skarabäen wurden häufig als Grabamulette den Verstorbenen beigegeben, weil sie die Kraft der Selbsterneuerung und Wiedergeburt bedeuteten.

In dieser Vorstellung der Erneuerung fügt sich gut das Sternbild des Krebses ein. Es ist die Mitte der Dreiecksgestalt, dort, wo man beinahe nichts sieht bis auf den diffusen Nebelfleck, von wo aus das Neue entspringt. Das Wesentliche dieses Tierkreisbildes ist also gerade nicht sichtbar – ist unfassbarer Quellort. Rudolf Steiner beschreibt es als die «Schöpfung aus dem Nichts», die bereits im Altertum als «Creatio ex nihilo» bezeichnet wurde – und dies wird im Krebs anschaulich.

Die älteste, vor rund 35.000 Jahren von Menschenhand geschaffene Plastik ist der Löwenmensch, und über dem Stadttor von Mykene und dem Stadttor von Hattuša, der ehemaligen Hauptstadt des Hethiter-Reiches, thronen Löwen. Der Löwe steht immer am Eingang, am Anfang – weil in diesen Bereich die Begeisterung, das große Herz gehört.

Löwe

Die Großartigkeit des Augenblicks

♌

Vom 22. Juli bis 23. August wandert die Sonne durch das Tierkreiszeichen Löwe. Während in den ersten Juliwochen Sonnenstand und Tageslänge sich kaum verändern, senken sich die Tagesbögen der Sonne nun deutlich. Jede Woche nimmt die Lichtseite des Tages um 20 Minuten ab. Dem Rückzug der Sonne scheint die Natur zu widersprechen: Zu keiner Zeit des Jahres ist es so heiß, ist ein solch sommerlicher Reichtum vorhanden wie in der letzten Juliwoche sowie den ersten Augustwochen – dem Zeitraum des Tierkreiszeichens Löwe. Die

Natur scheint den astronomischen Bedingungen hinterherzulaufen. Während die größte Sonnenentfaltung sich mit der Sommersonnenwende am 21. Juni ereignet, dauert es erfahrungsgemäß noch vier bis sechs Wochen, bis die irdischen Verhältnisse diese Sonnenwirkung widerspiegeln. Gleiches gilt für die Winterzeit: Die kälteste Zeit des Jahres liegt nicht um die Wintersonnenwende, sondern gleichfalls einen bis eineinhalb Monate später.

Dies ist uns auch vom Tageslauf her vertraut: Wenngleich die Sonne im Sommer um 11:30 Uhr

kulminiert, vergehen in der Regel noch zwei bis drei Stunden, bis sich die größte Wärme geltend macht. Dies gilt auch in der Nacht: Nicht die sogenannte «Mitternacht» empfindet man als die tiefste Nachtzeit, sondern die Zeit von 2 bis 3 Uhr morgens, die gemäß der Schlafgewohnheit tatsächlich die Mitte der Nacht einnimmt.

Interessanterweise findet zu dieser Zeit die größte Regeneration des menschlichen Organismus statt. Das zeigt sich unter anderem daran, dass allein zu dieser tatsächlichen «Mitternacht» Puls und Atem

streng im Verhältnis von 4:1 zusammenschwingen, während sie die übrige Zeit des Tages frei und individuell zwischen 5:1 und 3:1 variieren.

In gleichem Sinne ist die Zeit des Tierkreiszeichens Löwe nicht nur rechnerisch die Mitte des Sommers, sondern auch von dessen klimatischem Charakter her. Während zum 21. Juni die Sonne am Himmel triumphiert, feiert sie auf der Erde ihre größte Entfaltung im Juli und August.

Die Bezeichnung «Löwe» ist für diese irdische «Sonnenzeit» überaus passend. Kein Tier repräsentiert die Großartigkeit der Sonne so umfassend wie der Löwe. Sei es die Gestalt oder der kraftvoll-elegante Gang, das unvergleichliche Gebrüll, das an den wildesten Donner erinnert, oder die Glut der bernsteinfarbenen Augen, in denen sich die Sonnenhitze zu versammeln scheint – alles strahlt Majestät aus. Wenn der Löwe schläft, scheinen die Augen doch offen zu sein; so galt er im Altertum als das Tier, das immer wacht. Selbst wenn Löwen ein Zebra oder eine Antilope reißen, so ist die blutreiche Gewalt für ein vorurteilsfreies Gefühl gleichwohl majestätisch und würdevoll.

Zum Jahresanfang ist das Sternbild des Löwen eindrucksvoll am Abendhimmel zu beobachten. Nach der Abenddämmerung hebt er sich am östlichen Himmel über den Horizont. Dabei stellt man erstaunt fest, dass gerade dann, wenn nur ein Teil dieses eindrucksvollen Bildes zu sehen ist, sein Charakter am deutlichsten zum Vorschein kommt. Nicht die Position hoch im Süden, wenn das Bild über der Landschaft thront, sondern der Moment des Auf- und Untergangs kennzeichnet die Innenseite dieses Sternbildes. Hier zeigt sich die Dramatik und Gegenwärtigkeit des Löwen: im Aufgang, wenn der helle Bruststern Regulus und die Vorderläufe den Himmel sprichwörtlich ergreifen, oder auch im Untergang, wenn das Bild kopfüber unter den Horizont stürzt.

Steht das Bild hoch im Süden, so lohnt es sich, genauer auf die Komposition der Sterne zu schauen. Plötzlich entdeckt man beispielsweise, dass der Schwanz des Löwen einen rechten Winkel bildet. Einmal auf dieses Maß aufmerksam geworden, findet man eine ganze Reihe dieses statisch und architektonisch so besonderen Winkels. So lässt sich auch vom Rücken des Löwen Richtung Fuß sowie am Kopf ein rechter Winkel ziehen. Bei aller Dynamik des Bildes schenkt dieses «Urmaß alles Irdischen» dem Bild einen enormen Halt.

Das sonnenverwandte Kennzeichen des Löwen, die Gegenwart zu betonen, wird durch ein weiteres kosmisches Phänomen unterstrichen: Vom 10. bis 14. August sind die ersten reichen Sternschnuppenfälle des Jahres, der Perseidenstrom, zu beobachten. Wie keine andere Naturerscheinung repräsentieren sie in ihrem flüchtigen Aufleuchten die Gegenwart, das Jetzt.

Während man sich im Sommer vom Reichtum der

Natur erfreuen und stellenweise überwältigen lässt, lohnt es sich, in der anderen Jahreshälfte das Tierkreisbild des Löwen aufzusuchen, um so noch besser zu verstehen, wie die Zeitspanne des Zeichens Löwe die Sonne auf Erden zum Ausdruck bringt – die Majestät des gegenwärtigen Augenblicks. «Allem Anfang wohnt ein Zauber inne», dichtet Hermann Hesse in *Die Stufen,* und das ist zugleich ein Gesang auf den Löwen, denn der Gefühlsreichtum und die Begeisterung, die das Bild ausstrahlt, ist die Kraft, die einen Anfang möglich macht.

Es ist wohl kein Zufall, dass die älteste von Menschenhand geschaffene Skulptur ein Löwe, besser ein Löwenmensch, ist. Man fand 1939 eine altsteinzeitliche Figur aus Mammutelfenbein in einer Höhle auf der Schwäbischen Alb. Auf unfassbare 35.000 Jahre wird ihr Alter heute beziffert.

Es gibt wohl kaum eine Kultur, in der der Löwe nicht eine zentrale Stellung einnimmt. In Mykene ist es das von Heinrich Schliemann ausgegrabene Löwentor, das die besondere Bedeutung betont: Zwei Löwen thronen über dem Sturz des Eingangstores und symbolisieren dort wohl die Sonnenwenden. Es ist die majestätische Ruhe, die unbezwingbare Entschlossenheit, die der König aller Tiere ausstrahlt, die ihn zudem in altvedischen Fabeln über alle Tiere stellte. Damals war vermutlich der asiatische Löwe «Panthera leo persica» das Vorbild. Dieser ausgestorbene Großlöwe muss den Abbildungen nach noch gewaltiger gewesen sein als sein afrikanischer Nachfahre.

Der Löwe war auch im alten Babylon, wo der Tierkreis seinen Anfang nahm, das Signum der Herrschaft. Heute ist im Pergamonmuseum in Berlin das Löwenmosaik der Stadtmauer von Babylon zu sehen. Es ist eines der schönsten Mosaike aus glasierten Tonziegeln der vorchristlichen Zeit. Mit aufgerissenem Maul und zugleich in ruhig und würdevoll gelassener Geste schreitet dort der Löwe vor dem hellblauen Hintergrund. Im alten China blickten bereits schreckliche Löwen vom Kaiserpalast und den Amtsgebäuden hinab – rechts der männliche, links der weibliche. Unter der Tatze halten sie die Erde und bekunden so ihre kosmische Dimension. An assyrischen und babylonischen Tempeln bewachten sphinxartige geflügelte Löwengestalten den Weg. Auch Buddha wird häufig auf einem Löwenthron dargestellt, denn der Löwe verkörpert die Kraft der Lehre. Selbst Christus wird als «der Löwe aus dem Stamme Juda» bezeichnet. Sonst wird in der christlichen Tradition die Wildheit des Löwen betont. «Euer Widersacher, der Teufel, geht wie ein brüllender Löwe umher und sucht, wen er verschlingen kann», warnt Paulus im ersten Petrusbrief. An vielen Kirchen bringen Löwen mit aufgesperrtem Maul am Eingang diese Drohung ins Bild. Auch die Geschichte von Daniel in der Löwengrube zeichnet das Tier als Bild der Wildnis und Gewalt.

Als im 2. und 3. Jahrtausend die babylonische und die ägyptische Kultur begannen, sich ein Bild vom Tierkreis zu machen, stand der Stier als Frühlingspunkt und der Skorpion als Herbstpunkt. Den höchsten Stand feierte die Sonne dann im Löwen. Deshalb trägt der Hauptstern des Bildes, der Herzstern, mit Recht den Namen «Regulus», und der Löwe gilt als Repräsentant der Sonne im Tierkreis.

Und was zeigen die Kämpfe mit dem Löwen, die wir aus vielen Kulturen kennen? Wie gelingt es beispielsweise Herkules, den unbesiegbaren nemeischen Löwen zu bezwingen? Alle Pfeile und Lanzen prallen am unverwundbaren Fell ab und so erwürgt er ihn mit seinen bloßen Händen. Ähnlich ist es auch in der alttestamentarischen Schilderung von Samson, dem Helden des israelischen Stammes Dan. Auch er bezwingt den Löwen ohne Waffe: «Da kam der Geist des Herrn über Simson, und Simson zerriss den Löwen mit bloßen Händen.» *(Buch der Richter)*

Den Löwen überwindet man nur mit der ureigenen Kraft. Interessanterweise bedeutet Samson «Sonne». In Samson ist es somit die Sonne, die den Löwen bezwingt; das heißt, auch hier ist es der Löwe selbst, der sich überwindet. Denn Löwe und Sonne sind, wie schon skizziert, verwandt. Vielleicht findet Samson auch deshalb im Leichnam des Löwen Honig und formuliert für die Hochzeitsgäste das folgende Rätsel: «Vom Fresser geht Speise aus, und vom Starken geht Süßes aus.» Merkwürdigerweise ist das Rätsel nicht als Frage formuliert, wohl aber dessen Lösung, die die Hochzeitsgäste der Braut abpressen: «Was ist süßer als Honig, und was ist stärker als ein Löwe?»

Das Fell kann Herakles nur mit der Löwenkralle – also mit der Löwenkraft selbst – schneiden. Er legt sich das Löwenfell an und kann jetzt die anderen elf Aufgaben erfüllen. Wieder steht der Löwe am Anfang eines Weges.

Im Mithraskult, der vorchristlichen Sternenreligion, werden sieben Grade der Einweihung benannt, vom «Raben» bis zum «Vater». Interessanterweise bildet der «Löwe» den vierten, mittleren Grad. Hier geht es darum, nun auch in all seinen Handlungen nach den Mysterien zu leben. Schüler, sogenannte Mysten der «kleinen Eleusinien», verbrannten in Löwenmasken Weihrauch als Symbol der Läuterung.

Ein anderes Bild der Läuterung ist auch die Zähmung des Löwen. Seneca beschreibt einen Löwen in der Arena, der den Gladiator vor den anderen wilden Tieren schützte, weil er ihn als seinen früheren Wärter erkannt habe. Auch Pharaonen und mesopotamische Könige hielten sich oft gezähmte Löwen. Auch die zahlreichen wasserspeienden Löwen, die wir kennen, sind Zeichen dieser Verwandlung der Wildheit. Der Löwe, ein Feuerwesen, wird zum Wasserbringer.

Die Jungfrau ist die große schweigende Mutter, die die Ähre in den Händen hält, weil sie nicht nur das Leben hervorbringt, sondern es pflegt und gedeihen lässt. Und um hervorzubringen und zu pflegen, bedarf es der Sammlung und Konzentration.

Jungfrau

Innenwelt
und Offenheit zugleich

♍

Vom 24. August bis 23. September wandert die Sonne durch das Tierkreiszeichen Jungfrau. Es gibt im Tierkreis kaum einen stärkeren Wechsel als zwischen dem ihr vorangehenden Zeichen Löwe und dem der Jungfrau: Von der Kraftentfaltung und Dynamik des Löwen, dessen Majestät und Gegenwärtigkeit wandelt sich der Ausdruck in der Jungfrau in Ruhe, Innerlichkeit und Hingabe an den Kosmos.

Überall in der Natur ist in dieser Zeitspanne der Jungfrau die eintretende Ruhe zu bemerken: Das

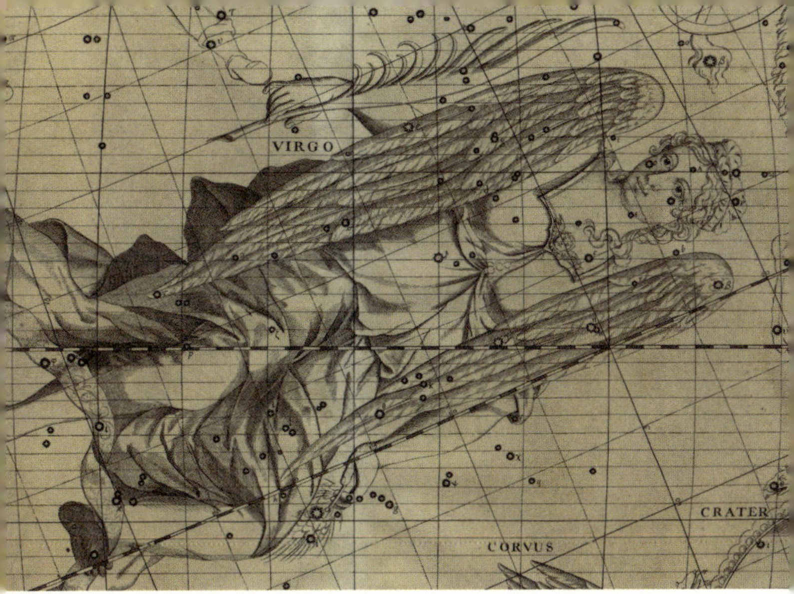

Wachstum im Pflanzenreich kommt bis auf wenige Ausnahmen zum Ende. In den jetzt reifen Früchten und Keimen scheint dabei die gesamte Sommerwärme eingeschlossen zu sein. Es beginnt der Weg nach innen. Die Luft wird so klar wie zu keiner anderen Jahreszeit. Statt der hochsommerlichen Gewitter prägen nun im Spätsommer milde Regenfälle die friedliche Stimmung der Natur.

Wie im gegenüberliegenden Tierkreiszeichen Fische, in dessen Zeitraum der Frühling anbricht, ist auch das Zeichen der Jungfrau eine Zeit des Über-

gangs. Während im ersten Frühling die Natur sich jede Woche dramatisch wandelt und Veränderung das alles beherrschende Prinzip ist, hat die Übergangszeit der Jungfrau – der Wechsel vom Sommer in den Herbst – ein anderes Gesicht: Obwohl die Sonnenbögen zügig an Höhe einbüßen und entsprechend jede Woche die Tageslänge um 20 Minuten abnimmt, begegnet man einer unerwarteten Ruhe nach der sommerlichen Bewegung.

Die einzelnen Tierkreiszeichen entsprechen in gewisser Weise den analogen Tageszeiten: Dem

Widder als Zeichen des Frühlingsanfangs entspricht die Morgenstunde direkt nach Sonnenaufgang, dem Zeichen Krebs die Mittagszeit und der Jungfrau die Tageszeit von 16 bis 18 Uhr. So wie zu dieser Zeit der Arbeitstag meist endet und die Menschen sich entspannen, so gehört zum Tierkreiszeichen Jungfrau nach dem sommerlich reichen Leben das Zu-sich-Finden. Vergleichbar den Früchten, die in sich die ganze Sommerwärme tragen, trägt die menschliche Seele in diesem Jahresabschnitt den Reichtum der sommerlichen Erlebnisse in sich.

In dem am Nachthimmel sichtbaren Sternbild Jungfrau kommt diese Wendung nach innen deutlich zum Ausdruck: In der ausladenden Gestalt des Bildes dominiert der helle Stern Spica. In ihm scheint die gesamte Sternenformation des Bildes zusammenzufließen. Diese Konzentrationsbewegung spiegelt die Vorstellung im Altertum, diesen als die Ähre, die Ackerfrucht, aufzufassen. Die Jungfrau trägt den Samen in ihren Händen.

In allen Tierkreisdarstellungen ist sie im Gegensatz zu den Zwillingen und dem Wassermann, den anderen «menschlichen» Tierkreisbildern, in ein Gewand gehüllt. Auch darin liegt eine sich von der Umgebung absondernde Gebärde und Betonung des Eigenen. Damit ist aber nicht eine Steigerung der eigenen Persönlichkeit gemeint, sondern vielmehr eine innere Festigkeit, die erst erlaubt, Höheres in sich aufzunehmen. Das erklärt der Blick auf das mythologische Bild der Jungfrau: Die Jungfrau repräsentiert eine enge Beziehung zum Kosmos und die Hingabe an ihn. Indem sie sich von der Außenwelt abschließt, ermöglicht sie geradezu, dass sich der Kosmos, die Sternenkräfte, in ihr aussprechen können. In der Jungfrau scheint das Geheimnis eines jeden Reifeprozesses sichtbar zu werden – das Geheimnis, dass für eine fruchtbare Entwicklung Absonderung und Offenheit, Zurückweisung und Hingabe immer zugleich anwesend sein müssen.

Ursprünglich wurde das Tierkreisbild Jungfrau Demeter zugesprochen. Demeter ist eine alte kretische Göttin, deren Kult schon Aristoteles auf 1500 v. Chr. beziffert. Vermutlich geht ihr Name etymologisch auf «Gemeter» (gi/ge = griechisch für Erde) zurück, «Mutter der Erde». Sie ist Göttin der Fruchtbarkeit und des Lebens und außerdem die zentrale Göttin der Mysterien von Eleusis. An vielen Orten Griechenlands wurde im Herbst ein dreitägiges Demeter-Fest gefeiert, die sogenannten «Thesmophorien». Homer nennt diese Feier «orgia», was so viel wie «heilige Handlung» bedeutet. – Erst die Christen machten daraus die abwertende «Orgie». Demeter ist geistig verwandt mit Isis, der ägyptischen Göttin der Geburt, Wiedergeburt und des Todes. Daran erinnert der zentrale Mythos von Demeter, der in Eleusis jährlich zelebriert wurde. Zeus, der Vater von Demeters Tochter Persephone, hatte diese insgeheim Hades, dem Gott der Unterwelt, versprochen. Eine blaue Narzisse lockte Persephone auf

Sizilien von ihren Freundinnen weg, die Erde öffnete sich und Hades nahm sie mit sich ins Schattenreich.

Es heißt, dass Demeter ihre Schreie gehört habe und mit brennenden Fackeln neun Tage und Nächte alle Wälder nach ihr durchstreift habe, ohne etwas zu sich zu nehmen. Erst die dreigesichtige Urgöttin Hekate (ihr Name bedeutet «die fernhin Mächtige»), die von Titanen abstammt und sich deshalb als einzige Göttin Zeus nicht unterwirft, führt Demeter zu Helios, dem allessehenden Gott, der ihr vom Schicksal ihrer Tochter erzählt. Demeter selbst ist bereits «Göttin zweier Welten». Davon berichtet der homerische Demeter-Hymnos. Danach wandelt Demeter über die Erde und beschenkt jene, die freundlich sind, mit fruchtbarem Boden und ihre Liebe zur Natur, zur irdischen Welt, ließ ihr den Olymp fremd werden.

Aus Trauer verbietet Demeter den Pflanzen zu wachsen, bis Hades Persephone auf göttlichen Ratschluss hin freilässt. Sie darf je ein halbes Jahr mit ihrer Mutter unter der Sonne verbringen und muss dann in die Unterwelt zurückkehren, woraus sich der Wechsel zwischen Sommer und Winter ergibt. Im Winter ist Persephone bei Hades und Demeter trauert um sie. Gemeinsam stehen die beiden Göttinnen für den Kreislauf des Lebens und seine Wandlungen. Die Weisheit der griechischen Götterlehre zeigt sich auch daran, welche anderen Kinder der Göttin Demeter zugeschrieben werden. Mit dem sterblichen Iasion bringt sie neben Philomelos, dem «Freund der Lieder», Plutos zur Welt, den Gott des Reichtums. Der Reichtum ist somit ein Kind des Lebens, der Natur. Dabei ist es heute der Reichtum, der im übermäßigen Verbrauch von Ressourcen die Natur zurückdrängt.

Persephone wird häufig auch Kore genannt, was «Mädchen», «Jungfrau» oder «Tochter» bedeutet. Auf diesem Weg und durch christlichen Einfluss hat sich vermutlich die Namensgebung «Jungfrau» für das Tierkreisbild ergeben. Vermutlich hat die Altertumswissenschaftlerin Heide Göttner-Abendroth recht, wenn sie die Göttin als die dreifaltige Einheit von Kore/Persephone, Demeter und Hekate betrachtet. Persephone ist das Kind, die Zukunft, Demeter die Lebensfülle, und die magische Hekate symbolisiert die transzendente Naturkraft. So war in den Demeter-Kulten griechischer Städte von «Demeteres», also im Plural, die Rede.

Der Name «Jungfrau» ist dabei verwirrend, weil es in erster Linie die Eigenschaften des Mütterlichen und der Fruchtbarkeit sind, die sich in diesem Tierkreisbild versammeln. Eine der schönsten Reliefs aus Griechenland bringt diese Eigenschaften ins Bild. Demeter und Persephone stehen links und rechts von Triptolemos, den sie im Ackerbau unterweisen. Wie sie diesen Heros um einen Kopf überragen und sich gütig zu ihm beugen, das strahlt die ganze Ruhe und Inniglichkeit aus, die mit dem Tierkreisbild «Jungfrau» zum Ausdruck kommt. Im alten Griechenland war mit «Jungfrau» nicht eine unberührte Frau gemeint, wie beispielsweise die römischen Vestalinnen, sondern vielmehr eine unverheiratete Frau. Durch ein Kind stellte sie ihre weibliche Kraft unter Beweis, so war die Vorstellung. Auch in babylonischen Tierkreisabbildungen wird die Jungfrau mit einem Kind auf dem Arm dargestellt. Erst mit dem Christentum und der darin beheimateten Distanz zur Natur bekommt die Keuschheit der Jungfrau jene Verklärung.

Tatsächliche Jungfrauen sind im griechischen Olymp ja andere drei Göttinnen: Athena, die deshalb den Beinamen «Parthenos» trägt, Artemis und Hestia. Athena ist die kriegerische Jungfrau, Artemis die tanzende, verborgene und jagende Jungfrau und Hestia die häusliche Jungfrau. Demeter kämpft nicht, sondern bringt hervor, jagt nicht, sondern erntet und ist zu viel auf der Erde unterwegs, um wie Hestia «häuslich zu sein». In Goethes *Faust II* begegnet man Demeter, als Faust, um Helena zu gewinnen, zu den «Müttern», der ursprünglichen Schöpfungskraft, absteigen muss. «Göttinnen thronen hehr in Einsamkeit, um sie kein Ort, noch weniger eine Zeit.» So beschreibt es Mephistopheles und warnt ihn vor der «Oed' und Einsamkeit». (Kap. 14 / Finstere Galerie).

Von dieser Einsamkeit ist im Sternbild Jungfrau etwas zu erfahren, wenn man sich in die Innerlichkeit und Sammlung auf die Ähre versenkt. Die Jungfrau ist die Schwelle von der sommerlichen Verbundenheit und Weite in die winterliche Innerlichkeit. Die Jungfrau vermag wohl in Güte und Strenge zugleich eine Einsamkeit zu schenken, mit der man im November, im Skorpion, bestehen und in den Winter finden kann.

Die Waage steht am Eingang in die dunkle Jahreszeit, denn das innere Gleichgewicht gibt für diese Monate die Sicherheit. Die Waage verlangt Ruhe und schafft Ruhe, sie verlangt die Mitte und stellt die Mitte her.

Waage

In der Ruhe offenbart sich das Gewicht

♎

Vom 24. September bis 23. Oktober wandert die Sonne durch das Tierkreiszeichen Waage. Mit dem Tierkreiszeichen Waage nimmt die Finsternis im Jahreslauf am dynamischsten zu. Woche für Woche zieht sich das Tageslicht um je 20 Minuten früher zurück. Die Natur hört auf zu wachsen und die Blütenfarben verschwinden aus der Landschaft. Die Straßencafés und Bäder schließen. Eine Vielzahl von Menschen, die saisonal beschäftigt sind, reist von ihrer Arbeitsstelle in Landwirtschaft und Tourismus ins heimatliche Winterquartier. Es ist

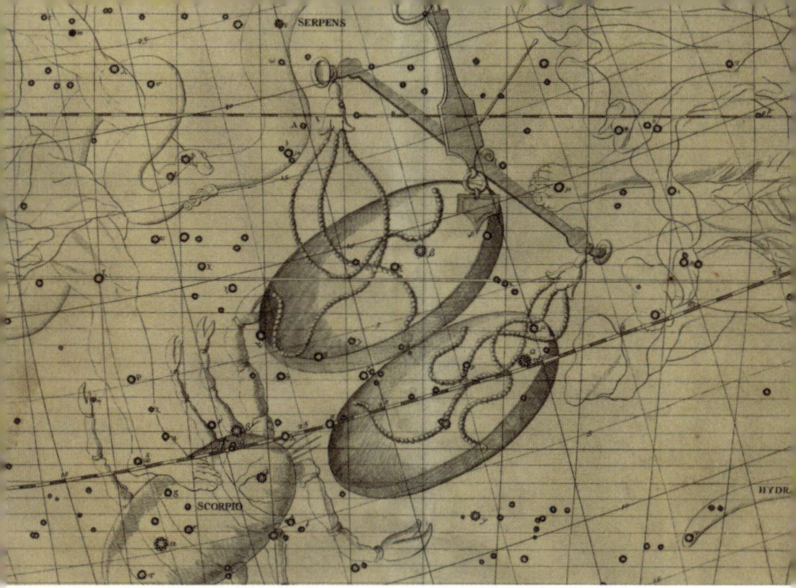

eine Zeit des Wandels und des Abschieds, die sich mit dem Herbstbeginn entfaltet. Wie passt zu diesen bewegten Wochen in Natur und Kultur der Charakter der Waage?

Die Waage ist ein Instrument, das Ruhe braucht, soll es seinen Dienst erfüllen. Präzisionswaagen sind in winddichten Glaskästen untergebracht und ruhen auf einem von der Umgebung unabhängigen Sockelfundament. So kann kein Windzug, kein Fußtritt das feine Austarieren der Gewichte stören. Zu dieser notwendigen äußeren Ruhe fügt sich die

innere Ruhe, sie kommt im Bild der klassischen Waage am besten zum Ausdruck: Die zwei Waagschalen müssen in Balance gebracht werden. Jede Bewegung, jedes feine Nachschwingen des Balkens um den unbeweglichen Kamm muss ausklingen, erst dann kann abgelesen werden, erst dann wird die Waage zur eigentlichen Waage. Sie braucht und schafft Ruhe gleichermaßen. Jetzt erfolgt die Messung, jetzt zeigt sie das Gewicht. Dieser technische Vorgang, Gewichte zu bestimmen, ist nur ein Ausschnitt des umfassenden Bildes: Wir kennen die

Waage auch als Bild der Gerechtigkeit, und wir kennen sie in Händen des Erzengels Michael – immer geht es um den Gehalt, die irdische Schwere, die durch die Waage bestimmt und in einen Ausgleich gebracht wird. Einmal ist es das Gewicht der Argumente und Einwände, einmal sind es die zu Lebzeiten ausgeführten Handlungen, die auf diese Weise in ihrem Gehalt, ihrem inneren Gewicht bestimmt werden. «Michael zählt nicht, er wiegt», heißt es in der christlichen Engelslehre. Im alten Ägypten war es der schakalköpfige Gott Anubis, der die Seelen nach dem Tode wog. War die Seele leichter als eine Vogelfeder, durfte sie ins Reich der Götter treten.

In unserer heutigen Kultur scheint die Waage viel von ihrer Bedeutung eingebüßt zu haben. Es sind andere Messinstrumente wie Tachometer oder Luxmeter, die als neue Sinnbilder hervortreten, wenn wir beispielsweise nach der Geschwindigkeit, nach der Signalkraft einer Sache fragen statt nach deren innerem Gewicht.

Aber diesem inneren Gewicht sowie dem Waage-Prinzip des Ausgleichschaffens scheint im ersten Herbstmonat besondere Bedeutung zuzukommen: So wie der Landwirt den Feldertrag wiegt, so eignet sich der goldene Oktober, der Monat der Waage, dazu, den Ertrag des Sommers, die Erlebnisse, Empfindungen und die Begegnungen zu bestimmen – nicht in ihrer Fülle und Vielzahl, sondern in ihrem Gewicht. Wieder ist es so wie beim Instrument der Waage: Dieses Wägen verlangt Ruhe und schafft Ruhe, erfordert eine ausgeglichene Haltung und bringt diese zugleich hervor.

Am Wendepunkt vom Sommer in die dunkle Jahreszeit ist es das innere Wiegen, das zur um sich greifenden Finsternis ein ausgleichendes Maß an Helligkeit bringt. Die inneren Erträge des Sommers lassen die äußere Sonne zu einer inneren werden. Sie stiftet den Ausgleich zur dunkler werdenden Zeit. Dabei gehört es zu den schönsten Naturerfahrungen im Herbst zu entdecken, dass die verdorrende und welkende Pflanzenwelt denselben Weg beschreitet wie die eigene Seele. Auch in der Natur wechselt die Sonne von einer äußeren in eine innere: Zuerst erscheint sie in der Glut der herbstlichen Blätter, dann glimmt sie verborgen in der zwar leblosen, aber umso wacheren Natur der Winterzeit als Aufmerksamkeit und Andacht.

Die Waage als reguläres Tierkreisbild lässt sich mittlerweile bis ins 5. Jahrhundert v. Chr. in Babylon belegen und hieß damals «Rin». Es gab allerdings den Beinamen «Scheren des Skorpions», der dann in Griechenland zeitweise Gebrauch fand, bis im Römischen Reich die Waage wieder als Göttin der Gerechtigkeit Astraea zu ihrem vollständigen Recht kam.

Als Tierkreiszeichen markiert die Waage den Herbstpunkt. Tag und Nacht sind gleich lang, Sonne und Mond haben gleich hohe Tagesbögen.

Ähnlich wie im Frühling zeigt sich dabei ein Gegensatz: Während die Tage jetzt dramatisch schnell kürzer werden, also viel Veränderung in der Natur geschieht, strahlt das Bild vor allem Ruhe aus.

Im Tageslauf entspricht dem Herbst die abendliche Dämmerstunde. Auch dort ändern sich Licht und Wärme von Minute zu Minute, aber zugleich liegt geistig in diesem Wechsel eine Ruhe, die das Tierkreisbild Waage zum Ausdruck bringt.

Es lohnt sich außerdem, das Bild am sommerlichen Abendhimmel zu beobachten. Während Stier, Wassermann und Skorpion linienartige Dynamik besitzen und Zwillinge oder Steinbock einen inneren Bereich umschließen, gilt all das für die Waage nicht. Sie zeichnet weder eine Kraftlinie noch bildet sie einen Innenraum. Was sie auszeichnet, ist der gleichmäßige Abstand der vier Hauptsterne. Dabei ist der untere abgewinkelte etwas schwächer und tritt deshalb zurück. Es geht hierbei vor allem um den rechten Winkel, der recht unscheinbar über der Landschaft steht. Die Waage «will» nichts. Das Bild drängt sich dem Beobachter nicht auf, wie zum Beispiel der Löwe, es ist auch nicht «absichtlich» lichtschwach wie der Krebs. Die

Waage ist auch in ihrer Bildsprache im Gleichgewicht. Gerade in dieser Einfachheit ihrer Form, in der Tatsache, dass kein Tier oder Mensch, sondern ein Messinstrument dieser Region den Namen gibt, liegt die Tiefe dieses Bildes. So wie man als aufrecht gehender Mensch vergisst, wie viel man dem Gleichgewichtssinn verdankt, so droht die Waage im Kreis ihrer ausdrucksvollen Nachbarn Skorpion und Löwe bzw. Jungfrau zu verschwinden. Diese Zurückhaltung, die keine Schwäche ist, gehört zum Bild der Waage und drückt ihre Stärke aus.

Kein Tierkreisbild besitzt einen solch dynamischen Schwung, eine solche Helligkeit und doch ist gerade wegen dieser Sternenfülle keine Region so dunkel wie der Skorpion. Über ihm ruht Asklepios, die große, runde Gestalt des Gottes der Heilkunst. Während der eine oft in der Nähe zur Todesschwelle gezeigt wird, vergewissert der andere, dass Leben auch den Tod braucht.

Skorpion

Die Doppelnatur des Denkens

♏

Vom 24. Oktober bis 22. November wandert die Sonne durch das Tierkreiszeichen Skorpion. Kälte, Nässe, Nebel und Sturm sind die Gesichter der Natur in dieser Zeit. Es ist die Mitte des Herbstes und damit der Herbst im Herbst. Während im Oktober die Sommerwärme nachklingt und im Dezember die Klarheit und Innerlichkeit des Winters einzieht, hat der Monat des Skorpions wenig Aufbauendes anzubieten. Die triste Stimmung der Natur findet sich im persönlichen Leben wieder. Nach Umfragen erreicht die menschliche

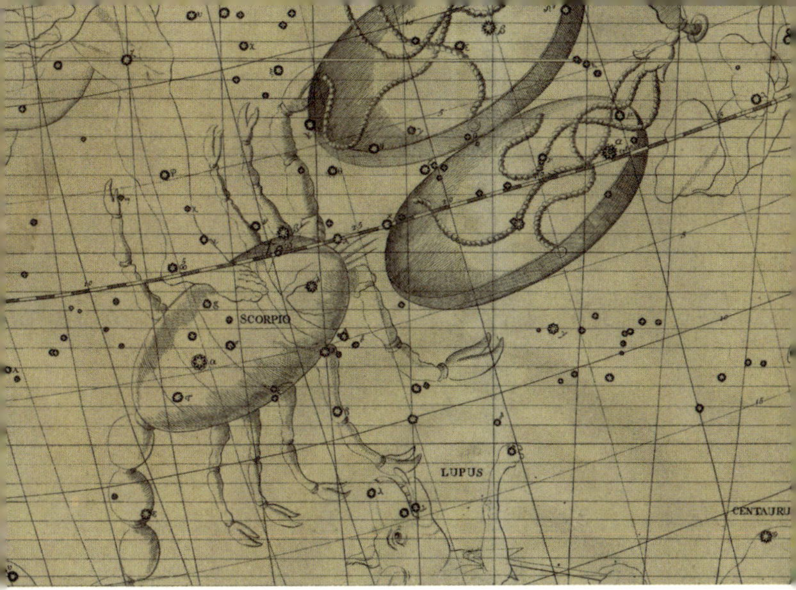

Stimmungslage zwar erst Anfang Dezember den jährlichen Tiefpunkt, aber vom Gesichtspunkt der Dynamik ist der November der «deprimierendste Monat». Zu keiner Zeit des Jahres schwinden Vertrauen und Heiterkeit, Unternehmungslust und Positivität so stark wie in der Zeit des Skorpions. Kurbehandlungen kennzeichnen das gleiche Bild, denn im November zeigen körperliches Training und Gesundung des Kreislaufes die geringsten Erfolge. Doch es gibt eine Ausnahme: Der November eignet sich bestens, um bei Untergewicht einen

Gewichtszuwachs zu erreichen, denn die graue Stimmung der Natur lässt den Geschmackssinn besonders empfänglich werden.

Auch im Gemeinschaftsleben zeigt der November sein Gesicht. Nach dem sommerlichen Erlebnisreichtum zieht sich die Seele in sich selbst zurück. Mitgefühl und Anteilnahme werden hinterfragt – man wird wacher für die verborgenen Vorgänge im Gemeinschaftsleben und prüft die menschlichen Bindungen. Zu keiner Zeit des Jahres häufen sich Konflikte und Trennungen so wie in diesem

Herbstmonat. – Hermann Hesse hat dem Monat der Einsamkeit ein Gedicht gewidmet. Auch er blickt dabei ins Licht des Sommers zurück und voraus auf Kommendes, indem er fragt, was man von diesem Dunkel gewinnen kann. In seinem Text aus dem Jahr 1908 ist viel von der Qualität des Novembers zu erfahren. Und es wundert kaum, bei aller Melancholie, die aus ihm spricht, dass er unzählige Male vertont wurde – so sehr wir die Gemeinschaft suchen, so sehr sind wir uns des Alleinseins bewusst.

Im Nebel

Seltsam, im Nebel zu wandern!
Einsam ist jeder Busch und Stein,
Kein Baum sieht den andern,
Jeder ist allein.
Voll von Freunden war mir die Welt,
Als noch mein Leben licht war;
Nun, da der Nebel fällt,
Ist keiner mehr sichtbar.

Wahrlich, keiner ist weise,
Der nicht das Dunkel kennt,
Das unentrinnbar und leise
Von allem ihn trennt.

Seltsam, im Nebel zu wandern!
Leben ist Einsamsein.
Kein Mensch kennt den andern,
Jeder ist allein.

Wer nun das Tierkreisbild Skorpion am Nachthimmel beobachtet, ist überrascht, denn nichts Düsteres, sondern eine überaus helle Sternenformation breitet sich vor dem Betrachter aus. Eine Vielzahl heller Sterne bildet eine v-förmige Gestalt, die in drei Strahlen ausläuft. Es lohnt sich, das Bild genauer zu betrachten. Nach und nach beginnt man den rätselhaften Widerspruch im Ausdruck dieser diamantenen Sternenreihe zu erfassen. Obgleich äußerlich kaum ein Bild eine solche Helligkeit besitzt, gilt doch, dass dieses Tierkreisbild wie kaum ein anderes Dunkelheit in sich birgt. Hinter der Lichtfülle der dynamischen, beinahe aggressiven Form der geschwungenen Sternenreihe findet sich ein Abgrund an Dunkelheit.

Entsprechend sind es Skorpione – beziehungsweise Wesen, die halb Mensch, halb Skorpion sind –, im sumerischen Gilgamesch-Epos, die im Gebirge den Ein- und Ausgang der Sonne behüten. Allein schon ihr Anblick vermag das Leben auszulöschen. In der Zeit dieses Mythos im 3. Jahrtausend markierte der Skorpion den Herbstpunkt. Der Weg in die Nacht führte am Skorpion vorbei. Entsprechend muss die Sonne, bevor sie durch den Gebirgstunnel zieht, um dann wieder im Osten aufzuerstehen, den Skorpion passieren.

Auch in Ägypten wird das Tor zur Unterwelt, die vier Nilquellen im Süden, von der Göttin Selket mit einem Skorpionkopf bewacht. Hier ist sie Herrin über das Wasser und die Nilüberschwemmungen: «Die, welche die Kehlen atmen lässt.» Selket gehört mit Neith und Nephtys zu den Schutzgöttinnen über die vier Kanopengefäße. Darin wurden beim Einbalsamieren die Organe der Verstorbenen gelegt. Der Skorpion erscheint somit auch hier an der Schwelle von Tod und Leben.

Auf dem zentralen Altarbild im Mithraskult sieht man das Stieropfer, wobei ein Skorpion dessen Hoden abbeißt. Damit ist der dritte Weihegrad, der sogenannte «Soldat» (Miles), angesprochen. Dieser wurde mit dem Tierkreiszeichen Skorpion verbunden und es hieß, dass man nun jene solare Schöpferkraft des Stieres in sich erweckt habe. Diese Beziehung des Skorpions zu den Sexualorganen findet sich auch in der astrologisch-organischen Entsprechung, ihm werden darin die Fortpflanzungsorgane zugeordnet. Als Tierkreisbild des Todes hat er demnach zugleich viel mit dem neuen Leben zu tun.

Diese Tatsache gibt Anlass, den Blick zum Tierkreisbild zu heben und zu bemerken, dass der Skorpion seinen Bereich mit einem zweiten Bild teilt, dem Schlangenträger, dem Asklepios, dem Gott der Heilkunst. Eine gewaltige, mild schimmernde, runde Sternenformation thront über dem Skorpion. Im Altertum war das Heiligtum von Epidauros Zentrum dieser Gottheit. Wer dieses Heiligtum als Kranker betrat, musste durch ein Tor schreiten, über dem zu lesen war: «Eintrete nur, wer rein ist, rein aber ist, wer Heiliges denkt.»

Das Denken, das der Skorpion im Altertum repräsentierte, muss nicht in den Tod führen, es kann ebenso ins Leben, ins Geistige führen. Dieses Geheimnis der Doppelnatur des Denkens, den Tod und das Leben bringen zu können, liegt in dieser Tierkreisregion verborgen.

Im hellen Sternenfeld, das der Schütze erfüllt, ist weniger eine Gestalt, als vielmehr ein Lichtraum zu sehen. In diesem Raum sammelt sich eine Ruhe, eine innere Stille, die sich als Aufmerksamkeit und Klarheit wieder nach außen richten kann.

Schütze

Die Ruhe nach dem Sturm

Vom 24. November bis zum 21. Dezember wandert die Sonne durch das Tierkreiszeichen Schütze. Der ein halbes Jahr dauernde Abstieg der Sonne kommt zur Ruhe. Nur um etwas mehr als eine halbe Stunde wächst in diesen Wochen vor der Wintersonnenwende die Nachtseite des Tages. Der Charakter des Sonnenlaufes kennzeichnet ein generell vorherrschendes Motiv dieses Tierkreiszeichens: Beruhigung und Verlangsamung. So wie der Schütze beim Visieren des Zieles größte Ruhe und Konzentration braucht und damit einen Ausgleich

schafft zur Geschwindigkeit des abgeschossenen Pfeils, so zeigt auch die Natur dieser Jahreszeit einen verlangsamten Schritt. Die Herbststürme des Novembers sind vorbei. Mit ihrer Hilfe hat alles Laub den Erdboden erreicht und bildet dort eine Decke über dem vor wenigen Monaten noch aktiven Bodenleben. Doch diese Blätterdecke ist keine geschlossene Hülle, ein leiser Windhauch reicht aus, um sie hell raschelnd in Bewegung zu bringen.

Gerade dieses scheinbar belanglose Naturschauspiel wirft ein Licht auf den Charakter der be-

schriebenen Ruhe des Tierkreiszeichens Schütze. Es ist nicht eine dumpfe Ruhe als Folge einer Erschöpfung, sondern vielmehr innere Stille, in der sich Aufmerksamkeit und Empfänglichkeit gesteigert entfalten können. So wie die Blätter feinste Luftregungen mit hellem Ton beantworten und dem Boden mitzuteilen scheinen, so gehört es zum Charakter der Schütze-Zeit, der Adventszeit, nach den herbstlichen äußeren und inneren Stürmen ruhig zu werden und an den stiller werdenden Regungen der Natur und Seele Anteil zu nehmen.

Auch am Nachthimmel dieses letzten Drittels des Herbstes zeigt sich dieses Bild. Nach den verhangenen, nebeligen und regnerischen Abenden reißt mit dem Dezember der Himmel auf, und ein imposantes Schauspiel vollzieht sich in den Stunden nach der Dämmerung. Während der Nachthimmel zu Beginn nur von schwach leuchtenden Sternbildern bevölkert ist, ändert sich im Lauf der Abendstunden die Szenerie vollständig. Stunde um Stunde steigen immer mehr der hellsten Bilder über den östlichen Horizont. Stier, Zwillinge, Großer und Kleiner Hund, Löwe und Orion strahlen schließlich zur Mitternacht und bilden den hellsten Himmelsdom des gesamten Jahres. Zu keiner Jahreszeit zeigt sich am Nachthimmel eine solche Lichtfülle und Erhabenheit, ein solcher Reichtum an verschiedenfarbigem Sternenlicht wie im Dezember zur Mitternacht. Zu keiner anderen Zeit scheint der Kosmos der Erde so nahe zu sein. Zur Mitternacht um die Wintersonnenwende, wenn die Sonne sowohl in ihrem Jahreslauf als auch in ihrem täglichen Umschwung ihre tiefste Stellung innehat, glänzen die Sterne in größter Pracht auf. Ihr Licht kann im Gegensatz zur Sonne kein Leben hervorbringen, keine Wärme verbreiten. Doch so, wie sich die Sterne zu Bildern zusammenfügen, durch Position und Helligkeit ein gemeinsam differenziertes Gewebe vielfältiger Gestalten bilden, so repräsentiert ihr ruhiger Glanz den inneren Kosmos des Denkens, in dem die einzelnen Gedanken vergleichbar den Sternen sich zu einem sinnvollen Ganzen ordnen.

So wie man an klaren Dezemberabenden das stille Feuerwerk hellster Sterne zur Mitternacht erwarten darf, so ist nicht nur im Christentum

Erwartung die prägende Stimmung dieser vorwinterlichen Zeit. Damit die Erwartung Hoffnung und Zuversicht in sich trägt statt Verunsicherung und Skepsis, ist innere Ruhe notwendig. Die Natur im Zeichen des Schützen hilft dabei – sei es unten das raschelnde Laub oder oben der Glanz der Sterne.

Der Schütze findet sich bereits auf den babylonischen Steintafeln zum Tierkreis, der MUL.APIN-Sammlung, unter dem Namen PA.BIL.SAG, was «Glanz Gottes» bedeutet. Damals wurde er als Bogenschütze dargestellt. Erst in Griechenland stellte man sich den Kentaur Chiron als einen Menschen mit Pferdeleib vor. Den Kentaur Chiron gibt es auch als gesondertes Sternbild, sodass hier Verwechslungen möglich sind. Im Gegensatz zu den wilden von Kentauros abstammenden Pferdemenschen ist Cheiron der Sohn des Titanen Kronos, der sich Philyra als Hengst näherte. Er galt als freundlich und weise, liebte die Künste, vor allem die Musik, und war heilkundig. Seine Freundschaft zu Apoll führte ihn zum Bogenschießen. Chiron, wie er lateinisiert heißt, ist der Lehrer im Tierkreis, denn der Kentaur erzog und unterwies eine Vielzahl von Heroen wie Achilleus oder Jason. Chiron war darüber hinaus auch der Lehrer von Asklepios. Damit ist Chiron der mythische Ausgangspunkt der griechischen Medizin, denn diese beruft sich auf Asklepios. Obwohl er ein so großer Arzt war, gehörte es zu seinem Schicksal, dass er eine Wunde durch einen vergifteten Pfeil nicht heilen konnte. Um als unsterblicher Gott nicht ewig leiden zu müssen, schenkte er seine Unsterblichkeit Prometheus und ging an dessen Stelle in die Gefangenschaft ins Tartarus-Gebirge.

Zum Schützen gehören mythologisch somit folgende besonderen Eigenschaften: Er sieht aus wie ein wilder Kentaur, ist es aber nicht – beim Schützen trügt also der Schein. Er kann sich selbst nicht helfen und ist bereit zum größten Opfer: die Unsterblichkeit abzugeben. Er trägt den Bogen und ist doch derjenige, der zu heilen vermag.

Auch äußerlich trügt der Schein. Zum Schützen gehört die tiefe Nacht des Winters, doch es sind im 20. und 21. Jahrhundert genau die zwölf Tage vom 24. Dezember bis zum 6. Januar, während derer die Sonne durch dieses dichte Sternenfeld des Schützen wandert. Zu keiner anderen Jahreszeit ist die Sonne von einer solchen Fülle heller Sterne umgeben. Sie trägt in diesen «rauhen Nächten» eine Sternenkrone, die der Schütze ihr aufsetzt.

Unten die scharfe Ecke und oben der sanfte Schwung – so zeigt sich das Tierkreisbild und so ist der Steinbock im Gebirge: Mit harten Hufen und mächtigem Geweih springt er leichtfüßig über die Felsen und erscheint so schwerelos wie ein Vogel.
Diese Polarität prägt nicht nur das äußere Tierkreisbildes, sondern auch die Stimmung seines Erscheinens im Jahreslauf.

Steinbock

Das Tierkreiszeichen der Mitte

♑

Vom 22. Dezember bis 20. Januar wandert die Sonne durch das Tierkreiszeichen Steinbock. Mit dem Eintritt in dieses Zeichen hat die Sonne für die nördliche Hemisphäre ihre tiefste Stellung erreicht und beginnt nun kaum merklich zu steigen.

Der Monatsname «Januar» ist passend für diese Zeit des Ab- und Aufstiegs, in der das Vergangene und das Zukünftige nahe beieinanderliegen. Sein Name ist im Altertum der römischen Gottheit Janus entlehnt worden, die mit ihren zwei entgegen-

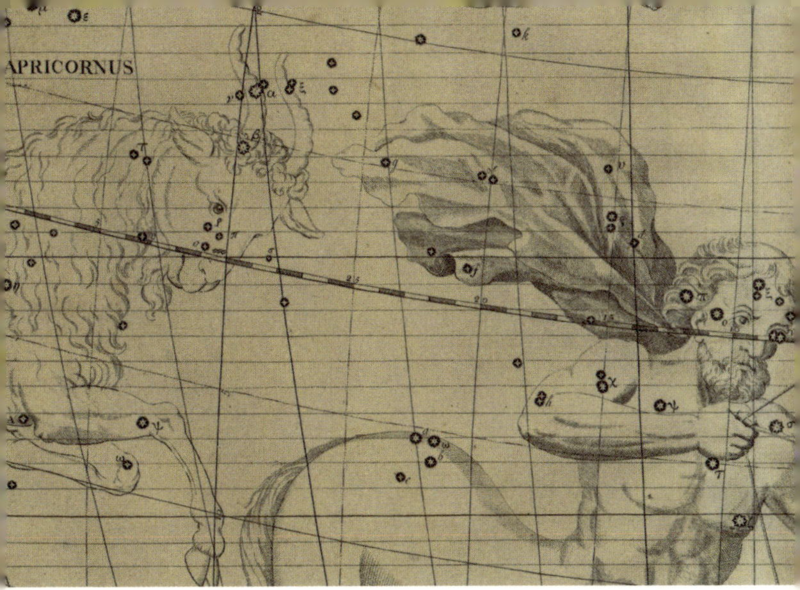

gesetzt blickenden Gesichtern in Vergangenheit und Zukunft gleichermaßen schaut. Janus ist deshalb Repräsentant für jene Momente, in denen sowohl nach dem Woher als auch nach dem Wohin gefragt wird, in denen Zukunft und Vergangenheit ebenbürtig gegenwärtig sind. Dies gilt für kaum eine Zeit stärker als für den Jahreswechsel, der in der christlichen Kalenderrechnung im Tierkreiszeichen Steinbock stattfindet. An dieser zeitlichen Schwelle finden überall Rückblicke statt. Zugleich ist in den vielen neuen Entschlüssen, Vorsätzen

oder Hoffnungen wie selten im Jahr auch die Zukunft anwesend.

Dieses Gleichgewicht von Vergangenheit und Zukunft findet im Tierkreisbild Steinbock räumlichen Ausdruck: Kein Tierkreisbild besitzt so deutlich eine Symmetrie bezüglich links und rechts. Verwandt der Form einer Schüssel ruht das Tierkreisbild in einer Mittellage und weist mit seinen zwei je am Rand stehenden abschließenden Hauptsternen in beide Richtungen des Tierkreises, also zu den Herbst- und den Frühlingsbildern.

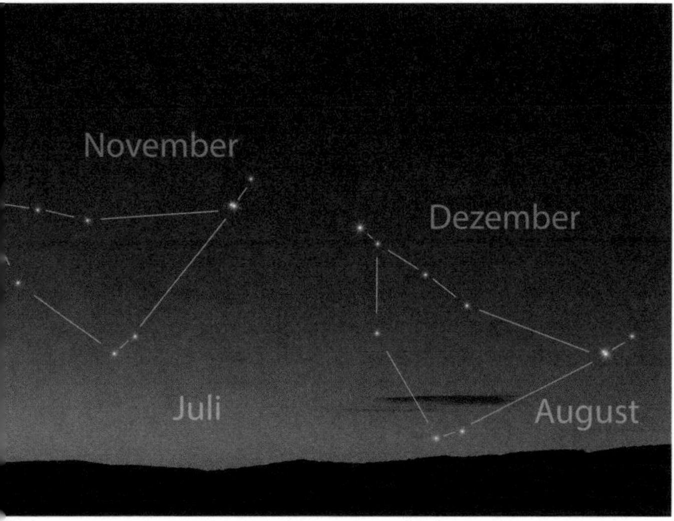

Neben der Eigenschaft, zeitlich und räumlich ein Zeichen der Mitte zu sein, kennzeichnet noch etwas anderes dieses Sternbild: Neben den Zwillingen ist es die einzige Sternenformation des Tierkreises, die eine geschlossene Gestalt bildet, bei der im Betrachten unmittelbar der Eindruck eines abgesonderten Innenraumes entsteht. Während in Sternbildern wie dem Stier, den Fischen oder auch dem Widder die Sterne sich zu Linien gruppieren, bildet der Steinbock eine zwar kantige, aber doch in sich geschlossene Hülle. Es gehört zu den reizvollen

Konstellationen, wenn in diesen Steinbock-Sternenkreis ein Planet hineinwandert. Er scheint dann regelrecht von der Sternenfigur «aufbewahrt» zu werden.

Dass der Steinbock umschließen und bewahren kann, findet sich auch in der seelisch-geistigen Stimmungslage des Januars wieder: In den Herbstmonaten führt die dunkler werdende Naturstimmung die menschliche Persönlichkeit auf sich selbst zurück. Krisen, soziale Spannungen, aber auch ernster gestellte Lebensfragen sind Ausdruck dieses Wachwerdens im eigenen Innern. In der Advents- und Weihnachtszeit findet dieser naturhafte seelische Prozess seine religiöse Festigung und Vertiefung. Zur weihnachtlichen Erfahrung gehört dabei immer wieder das Erlebnis, wie aus den düsteren Stimmungslagen des Novembers und dem Kulminieren der Finsternis zur Wintersonnenwende ein inneres Licht, eine innere Sonne in der Persönlichkeit wachsen kann. Damit diese geistige Sonne sich im Frühjahr in neue Taten gießen kann, muss sie im Januar noch «aufbewahrt» werden, um mit der aufsteigenden Sonne des Frühjahrs in das menschliche äußere Leben zu strömen. Wie der irdische

Steinbock die höchsten Gipfel erklimmt, so können im Zeichen des Steinbocks die düsteren Erlebnisse des Herbstes erhöht und hell werden.

Dem Tier zu begegnen ist ein großartiges Erlebnis. Die Geschicklichkeit und Leichtigkeit, mit der der 100 kg schwere Bergziegenbock mit seinem gut einen Meter langen Geweih auf den kargen Felsen mit weiten Sprüngen emporsteigt, ist atemberaubend. Dieser Gegensatz von Leichtigkeit und Festigkeit zeigt sich auch im Sternbild. Oben verbindet ein leichter harmonischer Schwung die beiden hellen Randsterne, während an der unteren Seite eine scharfe Spitze sich dem Horizont entgegenstemmt. Nur der Stier hat eine ähnlich scharf gezeichnete Kante.

Im Altertum wurde der Steinbock allerdings als ein außerordentlich widersprüchliches Fabelwesen gedacht. Diese Vorstellung ist assyrisch-babylonischen Ursprungs. Das Bild hieß damals SUHUR. MASH.HA/SUHUR.MES und bedeutete «Ziegenfisch». Er wurde entweder mit geradem Fischschwanz oder mit schlangenartig gedrehtem Schwanz, der oft in drei Flossen auslief, dargestellt. Von der Ziege waren der Kopf und meist auch die

Hörner sowie der vordere Rumpf mit Vorderläufen im Sprung abgebildet. Im alten Griechenland wurde Aigokeros bzw. Aigipan (der Ziegengehörnte) daraus, wobei damit Pan gemeint war, der Gott der Hirten, der die Hörner und Beine einer Ziege besaß. Sein schrecklicher Ruf hat sich im Wort «Panik» niedergeschlagen. Als Pan die Nymphe Syrinx verführen wollte, verwandelte diese sich in Schilfrohr. Pan sammelte das Rohr und reihte es mit Wachs aneinander zur «Panflöte». Im Kampf mit den Titanen blies er in ein Muschelhorn, um sie in die Flucht zu schlagen. Eratosthenes vermutet darin den Ursprung der Fischgestalt des ziegenartigen Gottes Pan. Erst in römischer Zeit wurde aus dem Ziegenfisch der Steinbock.

Vor dem Jahr 130 v. Chr. stand die Sonne im Steinbock, wenn sie ihren südlichsten und damit tiefsten Punkt am Himmel erreichte. Diesen Punkt nennen Astronomen den Wendepunkt des Steinbocks oder die Wintersonnenwende. Obwohl der Punkt der Wintersonnenwende heute im Sternbild Schütze liegt, wurde der Name Wendekreis des Steinbocks beibehalten. Im Sommer, wenn der Steinbock zur Mitternacht kulminiert, sind von Anfang Juli bis

Mitte August Sternschnuppen zu sehen, die scheinbar dem Zentrum des Bildes entspringen. Es sind die «Alpha-Capricorniden», ein unregelmäßiger Meteoritenstrom mit zwei bis fünf Meteoren pro Stunde. Im 24. Jahrhundert erreicht die Erdbahn den Kern des die Meteore verursachenden Kometenstaubfeldes, sodass in dieser fernen Zukunft Meteorstürme aus dem Steinbock zu erwarten sind. Doch so ungewiss die Zukunft sich auch zeigen mag, im Steinbock erleben wir jedes Jahr die Kraft und Qualität, dass etwas bewahrt werden will, um frei werden zu können.

Der Wassermann ist eine weit gestreute Sternenformation, die sich beinahe auflöst, wäre da nicht die dynamische Welle in der Mitte. Hier erscheint ein Bild des zukünftigen Menschen, der sich ganz hingibt, aber dabei nicht verliert, weil er diese konzentrierte Bewegung und Schwingung in sich trägt.

Wassermann

Die Zukunft des Menschen

Vom 21. Januar bis 19. Februar wandert die Sonne durch das Tierkreiszeichen **Wassermann**. Dieser Zeitraum markiert die Mitte zwischen der Wintersonnenwende im Dezember und der Tagundnachtgleiche, dem Frühlingsanfang am 20./21. März. Deshalb belegt der Wassermann in der astronomischen Rechnung die Wintermitte im Jahreslauf. Dem entspricht jedoch nicht die Beobachtung der Natur in dieser Jahreszeit: Anfang Februar kehren bereits die ersten Zugvögel nach Mitteleuropa zurück. Es sind vornehmlich Vogel-

arten, bei denen nur ein Teil des Bestandes einen südlichen Winteraufenthaltsort sucht und der Rest zurückbleibt. Lerche, Rotkehlchen oder Buchfink gehören zu diesen Teilziehern, die sich im Lauf des Februars wieder vereinen und bald darauf mit ihrem Gesang das Winterende verkünden. Diesem musikalischen Frühlingsgruß im Februar entsprechen im Pflanzenreich Schneeglöckchen und Krokus. Oft durchbrechen ihre Triebe bereits im Januar die Schneedecke und blühen im Februar. Kaum ein Naturgeschehen besitzt so viel Poesie wie die

weißen oder farbigen Tupfer dieser Frühlingsboten in der noch frostigen Umgebung. Wie sich bereits im Mai der Sommer ankündigt, ist häufig schon im Februar etwas vom Vorfrühling zu ahnen.

Sowohl im alten chinesischen wie auch im keltischen Kalender wurde dieser siebenwöchigen Verschiebung zwischen den astronomischen und den natürlichen Jahreszeiten Rechnung getragen: So wie am 1. November der Winteranfang gefeiert wurde, empfand man den 1. Februar als eigentlichen Frühlingsbeginn.

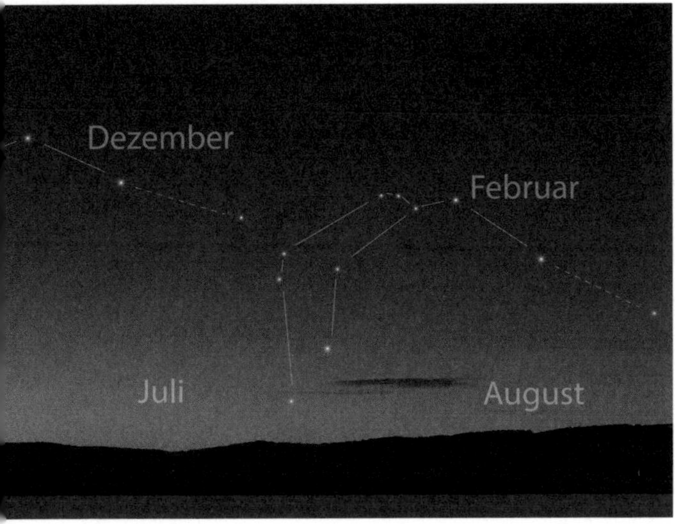

Folgt man dieser Vorstellung, so wird der Wassermann zu demjenigen Tierkreiszeichen, das den Frühling eröffnet. Es entsteht die Frage, ob sich die Frühlingsverwandtschaft in der am Himmel sichtbaren Sternformation des Wassermannbildes wiederfindet? Das charakteristische Merkmal dieses Sternbildes ist die kleine wellenförmige Anordnung von vier recht hellen Sternen. Zum Jahresanfang ist sie am westlichen Abendhimmel nicht weit über dem Horizont zu sehen. Dieser konzentrierten dynamischen Form stehen innerhalb des Bildes die weit ausladenden Linien, gebildet aus meist nur zwei oder drei Sternen, gegenüber. Kaum ein Tierkreisbild vereint in sich Konzentration und Weite in einem solchen Maße wie der Wassermann. Das gilt für den Wassermann am Fixsternhimmel wie für das irdische Ebenbild, den realen Wassergießer oder Gärtner.

Wer Pflanzen zu gießen hat, weiß aus der Selbstbeobachtung, dass sich ohne äußerliche Notwendigkeit beim Wässern ganz natürlich eine konzentrierte Aufmerksamkeit einstellt. Man folgt dem Strahl, blickt auf die Pflanzen und empfindet kaum das Bedürfnis, während des Gießens beispielsweise eine Unterhaltung über den Gartenzaun hinweg zu führen. Woran liegt das? Weil beim Gießen – oder allgemeiner, bei jeder Form der Zuwendung zu anderen Wesen – das eigene Empfinden eine Einheit aus körperlicher, seelischer und geistiger Zuwendung fordert. Auch wenn es der Pflanze ums Wasser geht, um unserer selbst willen schenken wir zugleich als seelische Hinwendung Aufmerksamkeit.

Das Tierkreiszeichen Wassermann weist in diesem Sinne darauf hin, dass mit dem beginnenden Frühling nicht nur die Natur aus ihrer winterlichen

Ruhe heraustritt und sich entfaltet, sondern auch die menschliche Aktivität aus der winterlichen Innerlichkeit sich dreifach nach außen wendet: als körperliche Tätigkeit, als empfindende Aufmerksamkeit und als verstehenwollendes Interesse.

Im Wassermann ist diese Hinwendung substanziell. Man hat sich selbst so entwickelt, dass man der Umgebung etwas zu schenken hat. Aus diesem Grund entspricht der Wassermann dem fortgeschrittenen Menschenalter. Während die Zwillinge Kinder darstellen und die Jungfrau die erwachsene Frau ist, entspricht dem Wassermann das reife Lebensalter. Auch wenn man häufig einen jungen Wasserträger dargestellt findet, entspricht dem Bild doch eher der gereifte Mensch.

Goethe lässt Faust zum Beginn des Dramas eine makrokosmische Vision erleben. Auf deren Höhepunkt ruft Faust aus (*Faust I* / Nacht):

Wie Himmelskräfte auf und nieder steigen
Und sich die goldnen Eimer reichen!
Mit segenduftenden Schwingen
Vom Himmel durch die Erde dringen,
Harmonisch all das All durchklingen!

Damit erinnert Faust an die Jakobsleiter des Alten Testaments. Jakob sieht im Bild der Leiter die zur Erde fließenden göttlichen Kräfte des Himmels. Er spricht von den goldenen Eimern, die nun nicht nur ab-, sondern auch aufsteigen.

Hiermit ist trefflich der Wassermann gekennzeichnet. Er empfängt nicht mehr die himmlische Kraft, sondern vermag sie seinem Umkreis zu geben. Der Mensch, der für die Schöpfung Verantwortung ergreift, ist hiermit angesprochen. Diese Verantwortung erfüllt sich, weil mit dem Wassermann diejenige Kraft dominiert, die die anderen drei Kräfte des Viergetiers, des Tetramorphen, auszugleichen vermag. Was im Tierkreis als Löwe, Skorpion und Stier getrennt und in der Seele als Fühlen, Denken und Wollen separiert ist, was in der Gestalt der Sphinx als einzelne Seelenkräfte in Stein gemeißelt ist, das fügt sich im Wassermann, dem «Engel» des Tierkreises, zusammen.

Dieses offene Verhältnis zum Umkreis, ohne die eigene Identität zu verlieren, spiegelt auch die Anordnung der Sterne des Bildes. Wäre im Zentrum nicht diese kleine Welle aus vier Sternen, man würde gar keine klare Gestalt erkennen, so sehr fügt sich der Wassermann in das Sternenfeld ein. Da ist keine Selbstbehauptung zu spüren, sondern vielmehr Hinwendung, vielleicht sogar Liebe zur Umgebung.

Das Wasser als Bild des Lebens und des Geistes spielt hierbei eine Rolle. In Babylon bezeichnete man den ganzen Himmelsbezirk, in dem der Wassermann steht, als «das Meer». Vom Südlichen Fisch, dem Delfin, den Fischen bis zur Wasserschlange, dem Ziegenfisch und dem Walfisch und dem Fluss Eridanus ist eine Vielzahl wässriger Bilder dort versammelt. Wenn man im Herbst abends nach Süden schaut, dann sieht man dieses ganze «himmlische Meer». Es wurde in Babylon als Quellort des Lebens empfunden, da die Sonne während der Regenzeit hindurchzieht. Im ägyptischen Schöpfungsmythos ist das Wasser Ausgangspunkt allen Seins. Nuth, das große Wasser, umgibt die Erde, es fließt über und unter ihr. Wellenförmige Mauern um Tempelanlagen erinnern an diesen Schöpfungsgrund.

In manchen esoterischen Kreisen wird vom nahenden «Wassermann-Zeitalter» gesprochen. Damit ist das Vorrücken des Frühlingspunktes gemeint. Gegenwärtig ist dieser Ort, von dem aus die Sonne den Frühling einläutet, am rechten Rand der Fische. Es dauert aber noch etwa 550 Jahre, bis die Sonne tatsächlich in den Wassermann eintritt. Und selbst dann ist von einem Wassermann-Zeitalter noch kaum die Rede. Wer die historischen Entwicklungen betrachtet, sieht, dass erst dann, wenn der wandernde Frühlingspunkt das Zentrum eines Bildes erreicht hat, dessen Signatur in der Menschheit erscheint. So hat der Frühlingspukt im 15. Jahrhundert die Mitte der Fische erreicht. Mit der Renaissance, mit Künstlern wie Leonardo und später Shakespeare brach damals auch tatsächlich eine neue Zeit an.

Im Zuge der sogenannten «Katasterismen», der griechischen Gepflogenheit, die babylonischen Namensgebungen der Tierkreisbilder mit griechischen Mythen und Entstehungslegenden zu versehen, gibt es auch für den Wassermann eine mythische Erzählung. Diese später den Sternbildern beigefügten Mythen wirken aber meist etwas äußerlich und konstruiert. Beim Wassermann ist es die Schilderung der Sintflut, der nur das Paar Deukalion und Pyrrha auf einem Boot entkam. Als sie aus ihrem Schiff an Land gingen, empfing sie eine verwüstete und menschenleere Erde. «Gib du uns Kunde, hehre Themis», wandte sich Deukalion an die Göttin, «wie das vernichtete Menschengeschlecht neu erstehen kann!» Die Göttin antwortete: «Verhüllet euer Haupt und werft die Gebeine eurer Mutter hinter euch!» Was konnte das heißen? Hieß die Himmlische sie das Andenken der Mutter kränken? «Höre, Pyrrha», rief Deukalion plötzlich, «wie der Göttin Worte zu deuten sind! Unsere Mutter ist die Erde, und ihre Gebeine sind die harten Steine, diese sollen wir hinter uns werfen!» Tatsächlich, die Steine, die Deukalion warf, wurden zu Männern, diejenigen aus der Hand der Pyrrha wurden zu Frauen.

Deukalion wird nun mit dem Wassermann in Zusammenhang gebracht. Dessen Fähigkeit, Menschen bilden zu können, erinnert tatsächlich an die Wassermann-Eigenschaft, die Natur zu etwas Höherem erheben zu können.

Wie Fühler, die sich tastend der Welt zuwenden, erscheint das Bild der Fische am Nachthimmel. Kein Stern dominiert, kein Stern zieht die Aufmerksamkeit auf sich – alles ist auf die große Gebärde, auf den Wunsch ausgerichtet, die Welt zu erfahren.

Fische

Mit der Umgebung in Beziehung

♓

Vom 20. Februar bis 20. März wandert die Sonne durch das Tierkreiszeichen Fische. Zu keiner anderen Jahreszeit nimmt das Licht so dynamisch zu wie in den Wochen vor der Tagundnachtgleiche. Jede Woche wächst die Tageslänge um eine halbe Stunde, und in der Natur spiegelt sich dieser Sonnenaufstieg in den Frühlingsboten wie Narzissen und Märzenbechern. Obgleich sich der Frühling erst im April voll entfaltet, ist die Fischezeit die ausgewiesene Frühlingszeit, weil der Frühling nicht im Gipfel seiner Entfaltung, sondern in seinem

Anfang, seiner Frische, am deutlichsten seinen Charakter offenbart.

Mit der Lebensentfaltung der Natur öffnet sich zugleich die menschliche Seele. Aus der winterlichen Konzentration und Versenkung weitet sich die Aufmerksamkeit – die innere Anteilnahme wandelt sich in äußere. «Und alles war erquickt, mich zu erquicken», schreibt Johann Wolfgang von Goethe in seinem Gedicht *Zueignung*. Was sich dort auf die Morgendämmerung bezieht, betrifft aufs Jahr bezogen das Tierkreisbild der Fische.

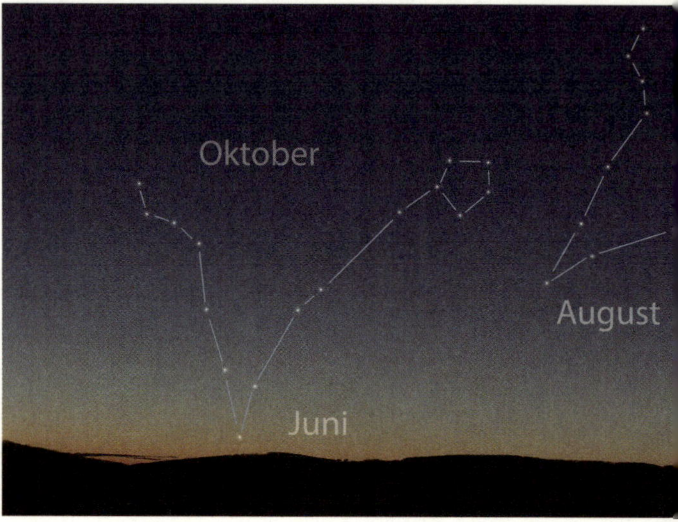

Die Fische bringen diese Frühlingsatmosphäre sowohl in der Anordnung der Sterne, der Lichtsprache des Bildes, zum Ausdruck als auch in dem, was mit «Fische» als einem bestimmten Wesenszug gemeint ist.

Das Sternbild der Fische, das im März unsichtbar hinter der Sonne steht, ist am besten im Spätherbst und Winter am Abend zu beobachten. Paradoxerweise ist es das größte Bild des Tierkreises und zugleich mit das unscheinbarste, denn nur fernab des Stadtlichtes vermögen sich die schwach leuchtenden

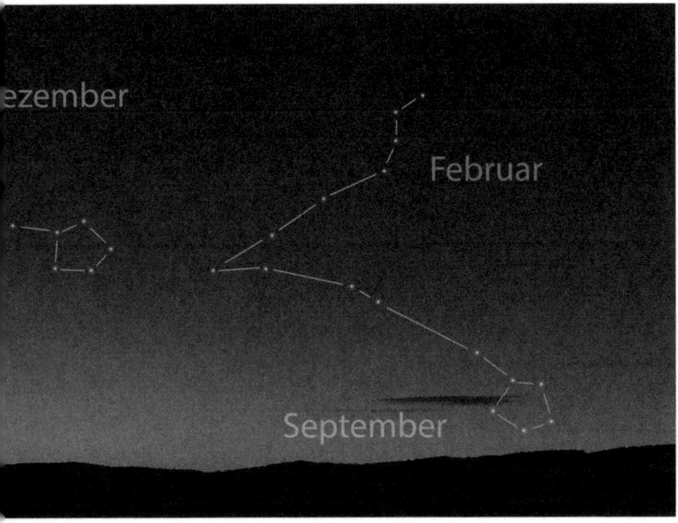

Sterne der Fische gegen die allgemeine Himmelsaufhellung durchzusetzen. Zwei leicht schwingende, ausladende Sternreihen sind im spitzen Winkel miteinander verbunden und enden in zwei runden tellerförmigen Gebilden. Alle Sterne leuchten ähnlich zart, sodass nicht ein einzelner Lichtpunkt die Aufmerksamkeit bindet, sondern vielmehr der Eindruck der gesamten Lichtbänder im Vordergrund steht. Wie zwei Fühler oder zwei Arme, die man tastend ausstreckt, um bei verbundenen Augen die Umgebung zu erkunden, wirkt dieses Bild.

Die Fische sind ein Bild, das nichts will, aber umso mehr den umgebenden Willen erfassen kann. Tatsächlich sind die Fische das einzige Tierkreisbild, das man nicht an seiner eigenen Form, sondern durch dessen Umkreis findet. Oberhalb des waagrechten Sternenarms befindet sich die prägnante quadratische Gestalt des geflügelten Pegasus, das Sternbild der Kunst. Darum schmiegen sich die beiden Lichtbänder der Fische. Noch mehr als der Wassermann treten die Fische gegenüber ihrem Umkreis zurück.

Dieses Kennzeichen des Sternbildes, wahrnehmend mit der Umgebung in eine Beziehung zu treten, findet sich beim natürlichen Fisch ebenso: Als Lebewesen des Wassers ist er viel inniger mit seiner Umgebung verbunden als alle Landbewohner. Jede Regung des Wassers findet sich im Spiel der Flossen wieder. Er verharrt nie still wie eine Katze oder ein Insekt, sondern durchstreift ständig sein wässriges Milieu und befindet sich dadurch in einem fortwährenden neuen Erfassen und Erobern seiner Umgebung. Diese enge Beziehung zeigt sich auch eindrucksvoll in den Gestalten, die Fische annehmen können. Sie besitzen nicht nur die Eigenschaft, durch die glänzenden Schuppen die Farbe der Umgebung zu spiegeln, sie vermögen auch mehr als andere Lebewesen in ihrem Aussehen die Umgebung aufzunehmen. Ist ihr Lebensraum in der schillernden lichtdurchfluteten Nähe der Wasseroberfläche, so ist das Schuppenkleid meist ebenso farbenreich gestaltet. Lebt ein Fisch in der Tiefe, so nimmt sein Aussehen den düsteren, gespenstischen Charakter dieser sonnenfernen Welt an.

Die einzigartige Hinwendung zum Umkreis kommt auch im Stoffwechsel der Wassertiere zum Ausdruck. Während zu unserer menschlichen Existenz, zu unserem Daseinsgefühl, das Einatmen ebenso gehört wie das Ausatmen, können Fische nur einatmen. Sie schlucken beständig Wasser, um es anschließend sacht und weit weniger willentlich über die Kiemen hinausströmen zu lassen. Ihre Weltbeziehung ist deshalb vornehmlich «das Fremde aufnehmend» und nicht, wie im Ausatmen, «das Fremde abweisend».

Beim Lachen wird das Ausatmen gesteigert und rhythmisch gestaltet. Das ist plausibel, denn in der heiteren Gemütslage fühlt man sich der Außenwelt überlegen, deshalb dominiert hier die Ausatmung.

Gleiches gilt für die tierischen Drohgebärden wie Bellen und Fauchen. Solche antipathischen Regungen gegenüber der Umgebung kennen Fische im Grunde nicht. Ihr Dasein dokumentiert eine nicht versiegende Zuwendung zur Welt, die im Vorfrühling gut mitempfunden werden kann. Diese Bejahung mag auch in der hohen Fruchtbarkeit der Fische liegen – Wachstum, Fülle und Erhaltung des Lebens repräsentieren die Wassertiere. Aristoteles verstand Fische noch als eingeschlechtlich, sodass zum Fisch die Vorstellung der jungfräulichen Geburt gehörte.

Im Christentum spielt dieses letzte Tierkreisbild eine wesentliche Rolle. So verteilt Christus Brot und Fisch als «nie ausgehende Speise des Vaters» (Markus 6.35).

Vier der Apostel waren Fischer, und «Menschenfischer» (Matthäus 4.19) nannte sie Christus selbst. Auch wird das Himmelreich im Matthäus-Evangelium mit einem Fischernetz verglichen, das, ins Meer geworfen, die Seelen fängt (Matthäus 3.47). Hier werden die Nachfolgenden, die Gläubigen, zum Fisch. So wurde im Urchristentum der Fisch zum Erkennungszeichen. Dabei mag eine Rolle gespielt haben, dass «ichthýs», das griechische Wort für Fisch, die Anfangsbuchstaben des Credos «Jesus Christus Gottes Sohn, Erlöser» wiedergibt (Iescous christos theou hyios soter).

Literatur

Bernau, Anke: *Mythos Jungfrau – Die Kulturgeschichte weiblicher Unschuld,* Berlin 2007.

Giebel, Marion: *Tiere in der Antike – Von Fabelwesen, Opfertieren und treuen Begleitern,* Darmstadt 2003.

Göttner-Abendroth, Heide: *Die Göttin und ihr Heros. Die matriarchalen Religionen in Mythen, Märchen, Dichtung,* Stuttgart 2011.

Gundel, Hans Georg: *Zodiakos – Tierkreisbilder im Altertum,* Mainz 1992.

Grant, Michael; Hazel, John: *Lexikon der antiken Mythen und Gestalten,* München 2009.

Johnson, Buffie: *Die Große Mutter in ihren Tieren – Göttinnen alter Kulturen,* Olten / Freiburg 1990.

Kaltenbrunner, Gerd-Klaus: *Brüder und Schwestern – Geschwisterlichkeit als Ursprung und Ziel,* München 1988.

Merkelbach, Reinhold: *Mithras – Ein persisch-römischer Mysterienkult,* Wiesbaden 1998.

Papke, Werner: *Die geheime Botschaft des Gilgamesch. 4000 Jahre alte astronomische Aufzeichnungen entschlüsselt,* Köln 1993.

Powell, Robert: *Die Geschichte des Tierkreises,* Tübingen 2006.

Rathmayr, Reinhard: *Zwillinge in der griechisch-römischen Antike,* Wien 2000.

Ridpath, Ian: *Die großen Sternbilder – 88 Konstellationen und ihre Geschichten,* Zürich 1992.

Romankierwicz, Brigitte: *Sternbild Jungfrau – Umkreisung eines Mythos,* Solothurn 1994.

Schade, Herbert: *Lamm Gottes und Zeichen des Widders,* Freiburg 1998.

Sesti, Giuseppe Maria: *Die Geheimnisse des Himmels – Geschichte und Mythos der Sternbilder*, Köln 1991.

Slawik, Eckhard, *Atlas der Sternbilder*, Heidelberg 1998.

Steiner, Rudolf: *Individuelle Geistwesen und ihr Wirken in der Seele des Menschen,* Gesamtausgabe (GA) 178, Dornach 1992.

Steiner, Rudolf, *Schöpfen aus dem Nichts. Wahrheit, Schönheit, Güte.* Drei Vorträge, hrsg. von Jean-Claude Lin, Stuttgart 2007.

Unterberger, Gerald: *Der Stier mit der Weltsäule,* Wien 2011.

van der Waerden, Bartel L., *Astronomie der Griechen*, Darmstadt 1988.

Zerling, Clemens: *Lexikon der Tiersymbolik – Mythologie, Religion, Psychologie,* Köln 2012.

Bildnachweis und -erläuterung

Im Buch ist jedes Tierkreiszeichen mit zwei Farben «intoniert», die zum Zeitintervall des Erscheinens gehören und an die von Rudolf Steiner für die Eurythmie angelegten zwölf Farben angelehnt sind (Beiträge zur Rudolf Steiner Gesamtausgabe, Heft 117: *Der eurythmische Tierkreis.* Pawel Florenskij und Rudolf Steiner, Dornach 1996).

Als im Altertum das geistige Verständnis der Sterne und Sternbilder versiegte, waren Entsprechungen zu Tonarten, Körperteilen oder Farben eine Möglichkeit, eine spirituelle Beziehung zum Tierkreis weiterhin zu bewahren. Rudolf Steiner hat die neuplatonischen Zuweisungen aufgegriffen und gemäß der Tradition den Frühlings- und Sommerbildern die hellen Farben und den Herbst- und Winterbildern die dunklen Farben zugeordnet.

Grafiken der Tierkreisbilder: Wolfgang Held. – In den Panoramabildern sind die unterschiedlichen Stellungen jedes Bildes im Jahreslauf – abends (oben), morgens (unten) – dargestellt. Die Blickrichtung ist gen Süden.

Fotos der Sternbilder: © Akira Fujii/David Malin Images

Tierkreiskarten: John Flamsteed (1646–1719). Bestand der Bibliothek der Universität von Coimbra/Portugal.
www.uc.pt/org/historia_ciencia_na_uc/galeria/johnflamsteed

Seite 18: Der Tierkreis von Dendera. Prosper Jollois und Edouard Devilliers, in Edme François Jomard, *Description de l'Égypte, Antiquité*, A vol. IV. Paris 1809–1822.

Seite 27: Caspar David Friedrich, *Der Wanderer über dem Nebelmeer,* 1818, Öl auf Leinwand, 74,8 x 94,8 cm, Hamburger Kunsthalle.

Seite 33: *Signes du Zodiaque; Atlas Classique de la Geographie Ancienne, du Moyen Age, et Moderne*, a l'Usage des Colleges et des Pensiones pour servir a l'Etude de la Geographie et de l'Histoire, corrige et augmente par M. Monin, Ingenieur-Geographe, membre de la Societe de Geographie (1838 edition).

falter | Wege der Seele – Bilder des Lebens

Vier Minuten Sternenzeit
Leben mit den kleinen
und großen
Rhythmen der Zeit
von Wolfgang Held
143 Seiten, Leinen
mit Schutzumschlag

Wolfgang Held führt ein in die vielfältigen kleinen und großen Rhythmen, die unser Leben prägen: von den kleinsten rhythmischen Einheiten im Sekundenbereich zu den großen kosmischen Gliederungen des platonischen Weltenjahres. Wie der Mensch gelernt hat, sich im Raum immer bewusster zu orientieren, so kann er ganz neue Entwicklungsmöglichkeiten ergreifen in der bewussten Orientierung im Kosmos der Zeit.

Verlag Freies Geistesleben
Bücher für den Wandel des Menschen

falter | Wege der Seele – Bilder des Lebens

Der siebenfache Flügelschag der Seele
Leben mit dem Rhythmus der Woche
von Wolfgang Held
88 Seiten, Leinen
mit Schutzumschlag

Die Woche ist ein merkwürdiger Rhythmus. Weder geht sie im Monat glatt auf noch im Jahr. Rein wirtschaftlich betrachtet ist die Woche das Unpraktischste, was unsere Zeiteinteilung in Sekunde, Minute, Stunde, Tag, Woche, Monat und Jahr zu bieten hat. Und dennoch hält sich fast die ganze Menschheit an diesen Siebener-Rhythmus. Was ließ im Altertum die aus Chaldäa stammende Siebentagewoche über die damals vielfältigen anderen Monatsteilungen triumphieren? Die Antwort, zeigt Wolfgang Held, liegt im Menschen.

Verlag Freies Geistesleben
Bücher für den Wandel des Menschen

falter | Wege der Seele – Bilder des Lebens

Alles ist Zahl
Was uns die Zahlen 1 bis 31 erzählen
von Wolfgang Held
160 Seiten, Leinen
mit Schutzumschlag

Haben Sie am 12., 17. oder 25. Geburtstag – und sich schon einmal gefragt, was das Besondere dieser Zahl ist? Schon die Pythagoräer, die frühen, altgriechischen Erkunder der Geheimnisse der Natur und des Lebens, meinten: *Alles ist Zahl.* Wolfgang Held führt in die verborgene Ordnung der Welt ein: ihre in Zahlen wiederzugebenden Verhältnisse sind offenbare Geheimnisse des Geistigen in Mensch und Kosmos.

Verlag Freies Geistesleben
Bücher für den Wandel des Menschen